Wenn ich nur noch eine Stunde zu leben hätte, was würde ich tun? Was würde ich denken, spüren, begehren? Was würde von mir bleiben? Roger-Pol Droit unternimmt in diesem Buch ein radikales philosophisches Gedankenexperiment. Klug, präzise, mit Sinn für Humor und poetischer Kraft spürt er der Frage nach, was am Ende wirklich zählt. Das Buch ermutigt den Leser, seine ganz persönliche Bilanz zu ziehen und sich zu erinnern, zu träumen und den Sinn des Lebens zu ergründen.

«Ein dringlicher, aufwühlender Text.»
Le Point

«Eine Hommage an die Sinne und den Augenblick.»
Le Monde des livres

Roger-Pol Droit, Jahrgang 1949, wurde 1998 an der Sorbonne zum Doktor der Philosophie promoviert und lehrt seit 2005 am Institut d'études politiques in Paris. Er schreibt regelmäßig für *Le Monde*, *Le Point* und *Les Échos* und hat bereits zahlreiche Bücher, u. a. *5 Minuten Ewigkeit. 101 philosophische Alltagsexperimente*, für ein breites Publikum verfasst.

Roger-Pol Droit

WENN ICH NUR NOCH EINE STUNDE ZU LEBEN HÄTTE

Aus dem Französischen
von Hainer Kober

Rowohlt Taschenbuch Verlag

Die französische Originalausgabe erschien 2013
unter dem Titel «Si je n'avais plus qu'une heure
à vivre» bei Odile Jacob, Paris.

Deutsche Erstausgabe
Veröffentlicht im Rowohlt Taschenbuch Verlag,
Reinbek bei Hamburg, Januar 2015
Copyright © 2015 by Rowohlt Verlag GmbH,
Reinbek bei Hamburg
«Si je n'avais plus qu'une heure à vivre»
Copyright © 2013 by Odile Jacob
Umschlaggestaltung ZERO Werbeagentur, München
Umschlagabbildung FinePic, München
Satz aus der Berthold Garamond, InDesign,
bei Pinkuin Satz und Datentechnik, Berlin
Druck und Bindung CPI books GmbH, Leck, Germany
ISBN 978 3 499 62910 5

INHALT

◈

es kam unverhofft

es hat sich aufgedrängt, ich habe es nicht gewählt, nicht darüber nachgedacht, plötzlich war es offenkundig, unabweislich, zwingend

es musste sein

ohne dass ich weiß, wie oder warum oder wohin es mich führen oder was kommen könnte

weder habe ich dieses Projekt erdacht noch vorbereitet, es hat sich meiner bemächtigt, zu meiner Überraschung, fast gegen meinen Willen

ich habe sogar, wenn auch nicht lange, versucht, so zu tun, als hätte ich nichts gesehen, wandte den Blick ab, beschäftigte mich mit anderen Dingen, vergeblich, diese Sache setzte sich fest, nahm mich gefangen, überwältigte mich, unverhofft, keine Chance, mich zu entziehen, selbst ohne zu verstehen, vor allem ohne zu verstehen, sie übernahm das Kommando

gewiss war sie lange unterwegs, auf unterirdischen Pfaden, bevor sie mit dieser rücksichtslosen Deutlichkeit zutage trat, zunächst hatte ich tatsächlich den Eindruck, noch nie daran gedacht zu haben und doch war mir fast, als würde ich sie wieder-erkennen, irgendeinen alten Plan in ihr entdecken, eine Entscheidung von einst wiederfinden, eine heimliche Vertrautheit mit der Vorstellung des Todes, des Verschwindens, mit dem Empfinden einer erbarmungslosen Endlichkeit,

das ist nicht unbedingt traurig, nur bitter, schmerzlich, belastend, wie die Forderung, nicht so zu tun, als ob

sich das nahe Ende vorzustellen, die Folgen auszumalen

ich bin nicht der Erste, der das macht, aber ich habe Lust, mich darauf einzulassen

wenn ich noch eine Stunde zu leben hätte, nur eine Stunde, genau eine Stunde, ohne Wenn und Aber, was würde ich tun?

welche Arbeiten vollenden?

was denken, fühlen, wollen?

welche Spur hinterlassen?

diese Frage nach der letzten Stunde hat mich überfallen, ganz alt und ganz frisch, aus der Tiefe der Zeit, heute Morgen aufgetaucht

stellen wir es uns also vor: in dreitausendsechs-hundert Sekunden und keiner mehr … kurzer Schluckauf, langer Seufzer, Krampf, Kontraktion, irgendetwas und dann nichts mehr, Herzstillstand, Atemstillstand, Null-Linien-EEG vorbei das Universum, die Zärtlichkeitsexzesse, das Kinderlachen, die Teezeremonie,

die Alchimie der Weine, der Hass auf den Hass und alles, was aus ihm folgt,

vorbei das Leben, seid willkommen, Geheimnisse,

Geheimnis dieses Endes,

Geheimnis dessen, was kommt,

Geheimnis dessen, was es vorher zu tun gilt,

alles wird intensiver, dringlicher und dichter

es gilt, sich von den Illusionen und Täuschungen zu befreien, Überflüssiges abzutun, sich an das Wesentliche zu halten, ganz unmittelbar, aber wo ist es, das Wesentliche?

was weiß ich von ihm, und wer kennt es? das Überflüssige spielt sich als das Wesentliche auf

trotzdem ist keine Zeit zu verlieren, der Countdown läuft

natürlich ist das ein Trick, ein Konstrukt, ich bastle mir eine Hypothese zurecht, ich tue, als ob

in der Realität gibt es wenige konkrete Situationen, in denen ich wüsste, dass ich in genau einer Stunde verschwände

ich müsste den Schierlingsbecher trinken wie der verurteilte Sokrates, spüren, wie die Beine taub werden, wissen, dass das Gift gleich den Unterleib erreichen wird, dann das Herz, oder mich im Todestrakt eines texanischen Gefängnisses befinden, Gnadengesuch abgelehnt, Injektionstermin festgesetzt

das sind keine alltäglichen Situationen

in der banalen Wirklichkeit kennt man natürlich weder den Tag noch die Stunde

man stirbt durch Zufall oder infolge widriger Umstände, ohne wirklich damit zu rechnen, daran zu denken, es zu entscheiden, Unfall, Herzinfarkt, Schlaganfall, Bus etc.

es kommt ganz plötzlich, ohne Vorwarnung, von einem Augenblick auf den anderen

oder nach einer langen Krankheit, gradueller Verschlechterung, allmähliches Schwinden der Hoffnung, Stück um Stück, ohne einen einzigen Augenblick der Wahrheit

genau das will ich nicht, kann ich nicht ertragen,

ich möchte ein paar Dinge festhalten, selbst unter Zeitdruck, ungeordnet, ohne an den Sätzen zu feilen, die Syntax zu glätten, egal was

ich möchte einfach Klarheit haben

vielleicht entdecken, was ich vom Leben gelernt habe, und, wer weiß, anderen nützen,

mir vorzustellen, dass ich in einer Stunde sterben werde, eine Stunde und nicht mehr, wie Aznavour singt, das ist doch ein Spiel, eine Geschichte, die ich mir zusammenreime, eine Fiktion, ein Denkanstoß, eine Hilfskonstruktion, um der Phantasie auf die Sprünge zu helfen

∞

ein Spiel, nur eine Redensart

kein Grund, mit den Achseln zu zucken und zu sagen: «das ist nur ein Spiel», also nichts Ernstes, nichts, was zählt

totaler Irrtum

nichts ist ernster als das Spiel

Montaigne wusste es, als er sagte, «daß die Spiele der Kinder keine Spielerei sind, sondern als die für sie ernsthaftesten Handlungen bewertet werden müssen»[*]

nur dass er irrt, der brave Edelmann, wenn er sich auf die Kinder beschränkt, denn alle menschlichen Geschäfte sind angelegt wie das Spiel

«im Spiel wären wir jetzt Piraten» oder Entdecker, Cowboys, Indianer, Mönche, Pilger, Richter, Philosophen, Polizisten, Präsidenten, Forscher,

---

[*] Michel de Montaigne, *Essais*, Bd. 1, Kap. 23, München, Bertelsmann, 2000, S. 170.

Könige von Navarra, Narren, Architekten, Apotheker, Bäcker, Drogisten, Musiker, Clowns, Ärzte …
egal
keine menschliche Tätigkeit, wie ernst auch immer, ohne dieses Gebot des Imaginären, diese Schaffung eines definierten Raums, einer spezifischen Vorstellung
«im Spiel wären wir jetzt …», jede Meditation, jede Handlung, jedes Projekt beginnt so
vor allem keine Beschränkung auf theoretische Spiele
überall das gleiche Prinzip: im Spiel wäre ich Schmied, Anwalt, Automechaniker, Bauer, General, Sänger
im Spiel würde ich jetzt denken
wäre ich auf der Suche nach dem gerechten Staat
oder der Tugend, der Wahrheit, Schönheit, Liebe, unterwegs, um das Wesen der Sprache zu finden, den Ursprung der Macht, den Sinn der Zeit, die Beschaffenheit des Raums …
Platon nennt es «ernsthaft spielen», Sokrates übernimmt die Formulierung von Xenophon, um die Philosophie zu bezeichnen, aber es bleibt ein Spiel
im Spiel wäre mein Ende nah,
die Frist ist auf eine Stunde festgesetzt, un-

abänderlich, nichts zu machen, kein Verhand-
lungsspielraum, kein Hintertürchen

dieses Spiel, an dem jeder teilnehmen kann, betrifft stets nur einen Einzigen

den, der jeweils sterben wird,

und in diesem Spiel bin ich es

Sinn des Spiels ist es, den einzigartigen Raum
dieses kurzen Zeitabschnitts zu erkunden,

als fundamentale, erhellende Erfahrung, die es
so gut wie unmöglich macht, so zu tun, als ob,
auszuweichen, sich hinter Masken zu verstecken,
Rollen zu spielen

eine Erfahrung, die entblößt, zur Wahrhaftig-
keit zwingt, egal, was daraus folgt, auch wenn das
Ergebnis schockiert, missfällt, abstößt

die aber keineswegs krankhaft ist

∞

wenn ich nur noch eine Stunde zu leben hätte,
dürfte der Tod, so nah er mir auch gekommen
wäre, nicht meine Hauptsorge sein

vielmehr ginge es zunächst darum, zu begreifen, was sich verändert hätte

auf eine Stunde begrenzt, ist das Leben nicht
mehr wiederzuerkennen

ich habe noch immer eine Vergangenheit, eine Gegenwart,

aber eine Zukunft gibt es nicht mehr

befreit bin ich von allen Plänen, Sorgen, Ängsten, Zwängen

noch eine Stunde, überflüssig, mich um meine Gesundheit zu sorgen, ins Fitnessstudio zu laufen, Diät zu halten,

auf das Gewicht zu achten, den Blutdruck, den Überfluss an diesem und den Mangel an jenem – all diese Besorgnisse werden lächerlich

ich sollte genau so sterben, wie ich bin, ohne für irgendetwas Zeit zu haben, weder dick zu werden noch abzunehmen, weder gesund zu werden noch krank

ich habe keine Zeit mehr, reich zu werden oder arm, keine Zeit, noch etwas an meiner Situation, meinem Zustand oder meinem Status zu verändern, nichts geht mehr

für alles, oder für fast alles, bleibt nur noch eine minimale Spanne, die sich von Sekunde zu Sekunde verkürzt

sehr seltsam

seltsam, nur noch eine winzige Zukunft zu haben, so geschrumpft, dass sie aufhört zu existieren, eine begrenzte, klar umrissene, beschnittene Zukunft, gewöhnlich ist der Horizont verschwommen, unbestimmt, notgedrungen unscharf

natürlich wissen wir, dass die verbleibende Zeit abnimmt, dass die Zukunft Jahr für Jahr schrumpft, daran ändert auch die Tatsache nichts, dass wir es umso besser und nachdrücklicher begreifen, je älter wir werden – es bleibt immer eine glückliche Unwissenheit

sie erlaubt vieles: weiterhin zu hoffen, hartnäckig am Pläneschmieden festzuhalten, in Zukunftsentwürfen zu schwelgen, mit Möglichkeiten zu spielen, sich Chancen auszurechnen, von Zufällen zu träumen

all das erscheint fortan verschlossen

ich bin eingesperrt in eine ummauerte Gegenwart

es bleibt noch nicht einmal eine Zukunft in Taschenformat

ein klägliches Nichts an Zukunft, ein dreimaliges Nichts, für das man sich was kaufen kann, wie ein französischer Komiker einmal sagte

ich habe Lust, Widerstand zu leisten, zu kämpfen, zu brüllen und zu toben,

alles lieber als diese Untätigkeit und Resignation

das bringt mich auf die Palme

❧

ich sage mir, schließlich *hätte ich nichts mehr zu ver-*
lieren,

wenn ich nur noch eine Stunde zu leben hätte,
warum sollte ich mich dann nicht wie von Sinnen
auf all die Dinge stürzen, die ich bisher nie getan,
nie gewagt habe, aus Anstand oder Furcht, ich
weiß es nicht,

warum mich nicht abschießen, mir den ersten
und den letzten Trip einwerfen, mir aus allen
weißen Pulvern, allen Pilzen, allen chemischen
Ekstasen den goldenen Schuss mischen, die Über-
dosis vor der Frist, das hätte vielleicht Stil,

oder ich würde einige von den Leuten umbringen, die ich hasse, die ich nicht ausstehen kann,
ihnen die Eingeweide, das Herz, das Hirn heraus-
reißen, sie in ihrem Blut ersäufen und auf ihre
Leichen spucken, was wär das für ein Fest,

oder einen Juwelier überfallen, ohne Grund,
einfach zum Spaß, und die Vitrinen plündern,

oder Vergessen in einer zügellosen Orgie suchen, mich in Sperma, Kotze, Alkohol verlieren,

solche Sachen … von denen man meint, man
müsse sie tun, weil es kein Morgen mehr gibt, weil
es die letzten Augenblicke sind, weil danach keine
mehr kommen,

da würde es sich lohnen, alle Grenzen zu über-
schreiten, alles über Bord zu werfen, Konven-
tionen, Werte, Moral und den ganzen Rest, und
natürlich die Vorsicht, das Maß, die Mäßigung,
den Anstand und all die Albernheiten, die für die
anderen Tage, die normalen Stunden taugen, aber
nicht für die letzte, diejenige, in der nichts mehr
geht, machen Sie Ihr Spiel, nur noch dieses eine
Mal, das letzte,

oder ich würde die Schande der Intellektuellen
verkünden, die Mittelmäßigkeit der Zeitgenossen,
die Kraftlosigkeit der sogenannten Philosophen,
die Verstaubtheit der Professoren, oder eine Men-
ge kleiner schmutziger Geheimnisse ausposaunen,
literweise Gift versprühen

doch wozu, auch das wäre vergeblich, so vergeblich, wie im Zustand der Verzweiflung zu ver-
harren,

es gibt keinen guten Groll

⋙

ich muss es anders anfangen, *einen Horizont bewahren* – selbst wenn für mich die Zukunft verloren ist –, statt mich zu beklagen und zu echauf-
fieren,

denn wenn ich nur noch eine Stunde zu leben hätte, müsste ich ein Ende machen mit diesem Ende der Zukunft, dieser Zeitlimitierung,

unerbittlich, nur eine Stunde,

während man im normalen Leben immer meint, Zeit zu haben, deshalb nichts drauf gibt, sich tröstet, ausmalt, man würde eines Tages …

morgen, später, nächstes Jahr, übernächstes, wenn ich groß bin oder Ruhe habe, wieder gesund bin, endlich allein oder nicht mehr allein, nächste Woche oder in zehn Jahren,

immer bleibt eine Ungewissheit, eine Spanne, eine gewisse Ferne, aber jede Sekunde, die vergeht, ist eine Sekunde weniger, unabänderlich,

also wird das enden, unausweichlich, kippen, verschwinden, erlöschen, sich aufheben, auflösen, sterben, sich wandeln, mutieren, transmutieren, was weiß ich?

was weiß ich davon, was kann ich wissen? nichts, außer dass es passieren wird, selbst wenn ich nicht weiß, was dieses «Es» ist noch was «Es» machen wird, trotz allem machen wird, in einer Stunde, ein bisschen weniger jetzt … schon

genau das erscheint neu, anders, unerträglich, aber warum ist es eigentlich unerträglich? ist es neu? es war doch schon immer so, dass ich eines Tages sterben würde, aber als ich mir das sagte, war es so weit weg, noch lange hin, so lange hin, was verändert diese Gewissheit, diese Nähe, das Wasser, das steigt, die Klinge, die sich von der Decke herabsenkt wie in *Die Grube und das Pendel*, der Novelle von Edgar Allan Poe, mit dem Burschen, der gefesselt auf dem Boden liegt und zusieht, wie die Klinge immer tiefer schwingt, sodass sie ihm binnen kurzem die Kehle durchschneiden wird, was ändert das? die Frist festgesetzt, der Zeitpunkt bekannt – das scheint alles zu ändern

das zerstört die Illusion von Zukunft, Kinkerlitzchen, Plänen, kleinen Geschichten von besseren Tagen, vom Aufschub, noch einen Augenblick, nur einen kleinen Nachschlag, einen Schluck, einen Löffel voll, die Neige eines Glases, eine Liebkosung, nur ein Blick, ein Lichtstrahl, ein Luftzug, ein Duft, der vorbeiweht, nur noch dieses, nichts als dieses, um die Fälligkeit hinauszuschieben, einem war doch nicht klar, dass sie unmittelbar bevorsteht, man denkt sich Geschichten aus von Möglichkeiten des Überlebens, Remissionen, Heilungen, Wundern und Banalitäten,

dieses Mal habe ich mich in die Situation hineinversetzt, in der das Ende unausweichlich und ganz nah ist, kein Hintertürchen, kein Horizont, keine Unschärfe, nichts von alledem, was die Zukunft ausmacht, das, was noch geschehen kann, ist zwar nicht gleich null, aber doch sehr klein, sehr eingeschränkt

eine Frage von Minuten,

ist das wahr?

und wenn es nur darum ginge, mir ungeschminkt zu vergegenwärtigen, was ist?

wenn ich noch genauso viele Augenblicke, genauso dicht wie jeder andere hätte?

so müsste ich doch an Ort und Stelle in mich gehen, Enden verknüpfen, Erinnerungsfetzen, Ideen, Wörter, Gefühle, sie so gut miteinander verbinden, wie es mir möglich wäre, ohne etwas zu erfinden, fast ohne den Versuch zu machen, es zu verstehen, obwohl man immer versucht, irgendeinen Sinn hineinzulesen, ein Bruchstück, eine Fortsetzung, genau, eine Fortsetzung, tatsächlich sind wir immer in Fortsetzungen unterwegs, den Anfang haben wir zwangsläufig verpasst,

niemand weiß, wie alles angefangen hat, weder wie noch warum noch durch wen,

wir kennen nur wenige der früheren Episoden, lediglich die letzten, und die näheren Umstände liegen völlig im Dunkeln,

diese Geschichte unserer Existenz weist zu viele Lücken, Leerstellen, rätselhafte Figuren auf, auch leidet sie an einem Übermaß, einem Zuviel an sinnlosen Ereignissen,

aber wir müssen uns damit abfinden,

der Versuch, diese Geschichte umzuschreiben, ihr den Anschein von Zusammenhang und Schlüssigkeit zu geben, eine gewisse Struktur, Verständlichkeit, endet eher schlecht als recht, wird schief und brüchig,

im Allgemeinen rettet uns der Wille, die Fortsetzung zu schreiben, die Fortsetzung jener Fortsetzung, in die wir geworfen wurden, ohne zu wissen, wohin sie uns führt oder woher sie kommt,

um den Fortsetzungsroman fortsetzen zu können, müssen wir eine Zeit danach postulieren, gezwungenermaßen

als Tatsache

Gewissheit oder Notwendigkeit

eine Kontinuität, die sich unserem Entsetzen entzieht

als ob es da trotz Herzrasen, Erregung, Wallungen und Panikattacken noch etwas anderes gäbe, daneben, dadrinnen, darüber, darunter, was weiß ich, keine Ahnung, wo es sich befindet, spielt auch keine Rolle, etwas, das seinen Gang geht, allein, vollkommen auf sich gestellt, autark, sein Programm abspult, unbeirrbar – das Leben, könnte man sagen

☙

das Leben wie ein Schlag, ja, eine kurze Fortsetzung zwischen zwei Pausen, etwas, das immer danach und immer davor stattfindet,

ein Schlag zwischen nichts und nichts,

übrigens ist nichts noch zu viel gesagt, denn wir haben keine Ahnung, es ist ganz und gar nichts, überhaupt nichts, nur ein Schlag

aber was für ein Schlag?

ein Herzschlag, Flügelschlag, Wimpernschlag, Trommelschlag?

das Leben, ein Schlag, nichts anderes, erscheint, so gesagt, ganz einfach,

dabei ist nichts schwerer zu definieren als ein Schlag,

er lässt sich nicht greifen, nicht festmachen, nicht erwischen, ist nur Rhythmus, Bewegung, Zwischenspiel, Übergang, Grenzwert, immer dazwischen, niemals hier oder da, weder auf der einen noch auf der anderen Seite lokalisiert oder lokalisierbar,

der Schlag ist nur die Bewegung eines Augenblicks,

ein Augenblick unter Augenblicken, ein Übergang von einem Mehr zu einem Weniger oder umgekehrt, von oben nach unten, von unten nach

oben, einatmen – ausatmen, Systole – Diastole, an –
aus, ad infinitum

das Leben, das schlägt, das pulsiert, das unaufhörlich kommt und geht, aber das wir nicht sehen
können,

nie sehen wir einen Schlag, wir können ihn
spüren, ihn erleben, ihn empfinden, aber niemals
betrachten,

wir können das Leben nicht sehen, weil wir
darin sind, in dem Schlag,

um es zu betrachten, wie wir das Meer, das Gebirge oder den Sonnenuntergang betrachten, wie
wir den Flug der Möwen oder den Galopp eines
Pferdes betrachten, müssen wir draußen sein, es
von außen beobachten, was nicht geht, weil wir
immer drinnen sind, mitten im Schlag,

daher sehen wir nichts,

nicht nur für die Sonne und den Tod gilt, dass
wir sie nicht direkt ansehen können, das trifft auch
aufs Leben zu, wenn auch aus anderen Gründen,

weil das Leben als Schlag ein Intervall, ein Abstand ist, nichts weiter, Abstand des Körpers, des
Atems, des Auges, der Wörter, Abstand und Folge
von Abständen, Rauschen von Schlägen, die sich
im Inneren eines Einzelnen verstreuen,

von diesen Schlägen, mehr oder minder schä-
big, mehr oder minder zahlreich, mehr oder

minder intensiv, hängt ab, was wir, töricht, mangels eines besseren Wortes, ahnungslos, das Glück nennen

❧

Tatsache ist, dass ich immer weniger weiß, was das Wort bedeuten soll, *Glück ist kein Dauerzustand*, nichts Stabiles, Homogenes oder Glattes, keine unvergänglich ekstatische Gemütsverfassung ewiger Seligkeit,

alles Quatsch, Mist, totaler Blödsinn,

Glück von dieser Art gab es nie, nirgends, höchstens in irgendeinem hypothetischen Jenseits, postulierten Paradies, Traum vom Garten Eden, in den die Hand des Menschen nie einen Fuß gesetzt hat, wie Agenor Fenouillard sagte

was wir erleben, ist etwas ganz anderes: Folgen, Fortsetzungen, ein chaotisches Durcheinander, eine Aneinanderreihung von Ereignissen, Empfindungen, Gefühlen, erfreulichen und schmerzlichen,

Überschwang und Verzweiflung, Heiterkeit und Verlassenheit, Kitzel und Kotze, alles stets unendlich gemischt,

so sehr, dass der Gedanke an eine klare Sichtung, eine totale Beseitigung des Negativen, das saubere Herausfiltern des Angenehmen, Positiven, um so den süßen Brei des Glücks zu gewinnen, das garantiert sorgenfreie, hundertprozentig euphorische Glück,

dass dieser Gedanke die schlimmste Dummheit ist, der sicherste Weg ins namenlose Unglück, die altbekannte Niedertracht aller Schwindler, schwachsinnigen Betrüger und gefährlichen Idioten

ganz einfach, weil es dieses Filterverfahren nicht gibt, die Selektion völlig unmöglich ist, weil der Anteil an Annehmlichkeiten sich nicht von dem an Unannehmlichkeiten, die Portion der Glücksfälle sich nicht von der der Unglücksfälle absondern lässt,

das Leben ist ein Gesamtpaket, ein einziger vielfältiger Schlag, in dem es immer alles in unterschiedlichem Verhältnis gibt,

aber niemals, niemals, würde ich mir die Welt einfarbig wünschen, weder als gänzliches Glück noch als absolutes Unglück

daher heißt, zum Leben «ja» zu sagen, es zu lieben, zu akzeptieren, zu wollen, zu ertragen, es wirklich auszukosten, unausweichlich auch «ja» zu sagen zu alledem, ja zum Unflat, zum Schmutz, zur Angst, zur Traurigkeit, zum Schrecken, «ja» zu sagen zur Schönheit, Zärtlichkeit, Lust, Ruhe, Heiterkeit und zum Miteinander, weil es kein Mittel gibt, sie endgültig und gründlich zu trennen, zu keinem Zeitpunkt und an keinem Ort,

natürlich können wir uns immer bemühen, das Schlimmste hinauszuschieben, das Unglück auf Distanz zu halten, uns und die unseren zu schützen, wir können Trennwände errichten, uns abschotten, absondern, wir können selektieren, Albträume unter den Teppich kehren, Lächeln in Vitrinen stellen, und doch bleibt alles Augenblickswerk,

unaufhaltsam stellt sich die Mixtur wieder her, alles vermengt und mischt sich aufs Neue,

Ekstase und Gram, Überschwang und Verzweiflung, Erregung und Ruhe,

nicht dass jeder Gedanke an das Glück vergeblich wäre, dass nichts in unserer Macht stünde,

es geht nicht darum, das Loblied des Leidens zu singen, das Unglück zu lieben, Gefallen an Erniedrigungen, Krankheiten, Verstimmungen zu finden,

natürlich müssen wir sie bekämpfen, genauso wie alles, was negativ, herabsetzend, todbringend ist,

und dieser Kampf ermöglicht wahrlich große Heldentaten, er kann das Übermaß des Leidens eindämmen, das Unglück dauerhaft verringern, in gewisser Weise die Welt verbessern oder zumindest das Dasein einiger, sodass es sich immer lohnt, diesen Kampf zu führen, unermüdlich, unaufhörlich, denn die Zahl der unabdingbaren und dringlichen Aufgaben ist groß, die, die uns den Schlaf rauben, treiben uns, betäubt von Müdigkeit, nachts aus den Betten, wenn es wieder gilt zu handeln,

doch es bleibt eine hoffnungslose Illusion zu glauben, solche Kämpfe könnten eines Tages das Leiden auf immer vernichten, endlich eine Welt ungetrübten Glücks ohne Riss und Makel schaffen

was absurd und vollkommen falsch ist, weil der Umstand, dass wir das Leiden verringern, die Übel dieser Welt zurückdrängen, den Notleidenden das Leben erleichtern können und müssen, keineswegs heißt, dass wir die dunkle Seite des Lebens endgültig und gänzlich beseitigen können, das ist eine zwar verbreitete, aber absurde Illusion

warum ist das so? warum ist die Vorstellung, das vollendete, das absolute und perfekte Glück ohne Trübung sei möglich, einer der gängigsten Irrglauben unserer Zeit?

weil wir fälschlicherweise überzeugt sind, es sei möglich, das Dasein zu vereinheitlichen, die Vielfalt in eine Einheit zu verwandeln, weil wir es nur einseitig sehen, auf einem Auge blind sind,

weil wir uns selbst für homogen, einheitlich halten, meinen, wir seien wie aus einem einzigen Stück

was nicht der Fall ist

❧

das ist einer der merkwürdigsten Fehlschlüsse der Philosophen, nämlich *der Irrglaube, wir seien einheitlich,*

starrsinnig halten sie an der Überzeugung fest, wir seien homogen, einfarbig, würden jeweils nur von einem Gedanken, einer einzige Absicht, einer einzigen Überlegung beherrscht, die den anderen, gleichzeitigen Ideen, Empfindungen, Plänen, den anderen einander gegenüberstehenden und sich überlagernden Vorstellungen keinen Raum lassen

die Philosophen stellen sich das Bewusstsein als reine Atmosphäre vor, als Edelgas, in dem jeweils nur ein einziger Prozess stattfindet

wenn sie recht hätten, wäre der Mensch eine Einheit und sein Geist desgleichen

sobald das Denken Brüche und Risse zeigt, Sprünge macht und den Zusammenhang aufgibt, glaubt man, dass Dummheit, Irrtum und Narrheit drohen

wenn ich nur noch eine Stunde zu leben hätte, würde ich hinausschreien, dass mir diese Ansicht falsch, beklagenswert und widernatürlich erscheint

denn nichts, aber auch gar nichts in unserem wirklichen Leben entspricht auch nur eine einzige Sekunde lang dieser imaginären Einheitlichkeit

zum Beispiel

schreibe ich in diesem Augenblick, dass ich an das denke, was ich sagen möchte, aber ich sehe auch, wie die Feder die Buchstaben auf das Blatt Papier zeichnet, ich höre einen Vogel in einem nahen Baum zwitschern, ich habe eine etwas schmerzhafte Blase am rechten Fuß und Muskelkater in den Waden, ich höre ein Quartett von Beethoven, das 7., glaube ich, bin mir aber nicht sicher, ich spüre den Bezug des Stuhls, die Tischkante, Essensgeruch steigt aus dem Stockwerk unter mir auf, und ich frage mich, während ich schreibe, meine Beine spüre, den Vogel höre, ob das gebratene Zwiebeln sind oder etwas anderes, was für ein Gericht so riechen könnte und wer es kocht, ohne den Faden meines Gedankens zu verlieren

all das ist sehr banal, äußerst einfach und hindert mich nicht daran, gleichzeitig zu denken, dass ich heute Abend lieber in unserem Bett als tot wäre,

dass ich lieber sofort bei ihr wäre, als an diesem Tisch zu bleiben und mich mit diesem Text abzuplagen,

dass diese Musik nicht wie in meiner Erinnerung klingt, ich hatte bestimmt eine andere Aufnahme im Kopf, das sollte ich überprüfen, das Gedächtnis steckt voller Fallen,

dass ich nicht weiß, warum die Vögel singen, wozu das gut ist, was es bedeutet,

dass ich allmählich Hunger bekomme,

dass es seltsam ist, dass dieser Tisch schon so viele Jahrzehnte erlebt hat, und noch seltsamer, dass es ihn noch geben wird, wenn ich nicht mehr sein werde,

dass ich gerade festgestellt habe – immer noch gleichzeitig –, wie sehr die Zeichen, die ich notiere, von weitem betrachtet, das Gesicht von Hieroglyphen haben,

dass Hieroglyphen, wie ich sogleich denke, kein Gesicht haben etc., selbst wenn etc.,

obwohl etc.

nie, glaube ich, habe ich eine einzige Sekunde gelebt, in der sich in meinem Bewusstsein nur eine einzige Idee, ein einziger Zustand, eine einzige Sorge befand vielmehr eine ständige Rumpelkammer, in der sich eine Vielzahl von Empfindungen, Gedanken, Wünschen, Assoziationen, Erinnerungen, Plänen, Entsprechungen drängen, stapeln und manchmal aufeinanderprallen

das ist normal, banal und unaufhörlich, doch den Philosophen ist das offenbar egal, sie haben den komplett gereinigten Geist erfunden, fähig, sich nur mit einer Sache zurzeit zu beschäftigen, mit einer Idee, einer Empfindung, einer nach der anderen, ad infinitum

dass ein dergestalt begradigtes Bewusstsein nur noch sehr entfernt mit dem aus unterschiedlichsten Elementen zusammengesetzten Strom zu tun hat, der uns ständig durchquert, stört offenbar niemanden

seltsamerweise scheinen die klügsten Köpfe, wenn sie mit Denken beschäftigt sind, sich kaum an das zu erinnern, was sie erleben

und was im Übrigen alle denkenden Menschen seit jeher erleben – Überschneidungen, Verflechtungen, Übergriffe, Verschränkungen, Vermischung unzähliger Elemente, die heterogen sind, disparat, wirbelnd, flüchtig, simultan

uneinheitlich, unterschiedlich, vielschichtig, das sind wir und nicht Geschöpfe, die sich kompakt, einheitlich und konstant präsentieren nur wenige Denker sind auf diesen vielgestalten Bewusstseinsstrom eingegangen, auf diese ständig wechselnde Zersplitterung des Subjekts,

meines Wissens hat kein Denker im Westen diesen Aspekt hinreichend berücksichtigt, um ihn zum zentralen Thema seines Denkens zu machen,

ausgenommen Nietzsche, der diese Lesart zulässt, wenn man Wert darauf legt

mich interessiert, was aus der Erkenntnis folgt, dass wir unsere Existenz als vielgestalten Strom betrachten können

die Erkenntnis selbst ist alles andere als außergewöhnlich: jeder weiß, dass es sich so verhält, obwohl es kaum jemanden interessiert

abermals kommt es auf die Fragen an, die sich daraus ergeben,

zum Beispiel: wenn es so klar ist, warum sagen die Philosophen dann nichts darüber oder so wenig? Warum erfinden sie anstelle dieses vielfältigen Stroms, in dem sich Überfluss und Mangel, Brüche und Beständigkeit mischen, den Mythos eines Verstandes, der mit nichts als Denken beschäftigt ist, eines eindimensionalen Bewusstseins, frei von Störgeräuschen, Fehlzündungen, Mannigfaltigkeit?

und noch einmal, wenn es stimmt, dass wir alle nicht einheitlich, sondern vielfältig sind – zusammengesetzt aus einander überlagernden Schichten und Arrhythmien, Mischungen und On-off-Zuständen, wie lässt sich dann erklären, dass jeder auch, trotz allem und mehr oder weniger eine Einheit ist?

zwar besteht kein Zweifel daran, dass ich fortwährend denke, fühle, empfinde, plane, erinnere, wiederfinde, spüre und gleichzeitig eine Fülle von Daten aus verschiedenen Bereichen kombiniere, mit und ohne Zusammenhang, mit Wiederholungen und Neuerungen, Brüchen und Abständen, doch genauso klar ist, dass ich trotz allem in gewissem Sinne einheitlich bin, dass wir es alle sind

wenn wir nicht Opfer von Wahn, Krankheit oder Störungen sind, verwechseln wir unsere Erinnerungen nicht mit denen anderer, nicht das, was uns passiert ist, mit dem, was man uns erzählt, das, was uns zustößt, mit dem, was wir träumen

jede dieser Unterscheidungen und einige andere von gleicher Art setzen eine Art von Kontinuität, Einheitlichkeit, Zusammenhang der Ströme voraus,

folglich müssen wir ihnen wohl genauso viel innere Konvergenz wie wirbelnde Divergenz zugestehen

ich denke in diesem Augenblick an diese Frage,

weil das, wenn ich nur noch eine Stunde zu leben hätte, ein wichtiger Punkt wäre

denn wer stirbt eigentlich? die Vielfalt? nur einige ihrer Elemente, ihrer Tendenzen, ihrer Stränge? die Kraft, die sie zusammenhält?

die Frage stellt sich, sobald wir aufhören, uns das Individuum als Einheit zu denken, das Subjekt als monolithischen Block, und es stattdessen als Schwarm, als Wolke, als Strudel sehen

statt zu glauben, dass alles bis in alle Ewigkeit überlebt oder auf immer der Vernichtung anheimfällt, sollten wir uns fragen, welche Bruchstücke verschwinden oder bleiben, welche Verbindungen sich auflösen und welche Strukturen erhalten bleiben

also?

ich habe keine Ahnung

niemand weiß es

ich glaube nicht, dass das überhaupt unserer Erkenntnis zugänglich ist

wir sollten die Frage lieber auf sich beruhen lassen

und nicht nur diese

sondern auch viele andere

❦

lieber sollten wir *Schluss machen mit dem obsessiven Verlangen, alles zu verstehen*, dem unersättlichen Erkenntnisdrang, dem Glauben, der uns einflüstert, wenn wir nur ein bisschen mehr und Genaueres wüssten, dann wären wir zwangsläufig freier, glücklicher, ein Stück weiter in unserem Bestreben, Herr über uns selbst und das Universum zu sein,

eine hinderliche Überzeugung, von der wir uns befreien sollten,

denn Wissen und Glück sind zwangsläufig immer unvollkommen, unrein, mit Unwissenheit gespickt, voller Lücken, Löcher, Leerstellen, weil wir nie alles wissen,

von Natur aus sind wir Unwissende, große Unwissende, ein Zustand, der nicht unbedingt Anlass für Verzweiflung oder Tragödien ist

um ihn einzugestehen, bedarf es einer geistigen Wandlung, denn man hat uns nicht zu solcher Duldung und Anerkennung erzogen,

ganz im Gegenteil, unsere Kultur verabscheut die Unwissenheit, unterstellt ihr lauter Übel, hält sie für verderblich und bedrohlich; wenn uns das Wissen entzogen, wenn es außer Reichweite ist, stopfen wir die Löcher mit Glaubensüberzeugungen, ersetzen das, was wir nicht wissen, so rasch

wie möglich durch Erzählungen und Wunschvor-
stellungen, die wir zu Realitäten erklären

ich weiß nicht, was nach dem Tod geschieht, so
wenig wie alle anderen Menschen, niemand weiß
es mit Sicherheit, niemand kann stichhaltige Beweise liefern, daher glauben wir – und zwar felsenfest –, dass der Mensch als Person unsterblich ist
und deshalb seine Lieben in einer anderen Welt
wiederfinden wird,

oder wir glauben ganz im Gegenteil – genauso
felsenfest –, dass wir auf ewig verschwinden und
dem ewigen Nichts anheimfallen,

wenn es denn unmöglich ist, nicht zu glauben,
sollten wir uns wenigstens eingestehen, dass wir
glauben, damit wir nicht weiterhin Glauben, Wissen und Wirklichkeit vermengen

und da bin ich schon wieder dabei, Lektionen
und Ratschläge zu erteilen, spiele den besserwis-
serischen Schulmeister, dabei drängt die Zeit, was
mich eigentlich dazu zwingen sollte, mein Programm zu kürzen und zu straffen, mich auf das
Wichtige zu beschränken,

ich hätte das Glück beiseitelassen sollen, es
ist zu spät, um vom Absoluten zu träumen, auf
das Wissen verzichten sollen, weil die Zukunft
schrumpft und mir nicht mehr gestattet, von einer
künftigen Wissenschaft zu phantasieren

was könnte ich dann versuchen, in der Zeit, die mir bleibt?

∞

sollte ich lieber *mein Leben an mir vorbeiziehen lassen* wie die Leute, die von einem Hochhaus fallen oder in eine tiefe Schlucht stürzen?

den beißenden Rauch der Holzfeuer, die errötenden Wangen der Glut, das Schattenspiel der Abenddämmerung, Geisterstunde, Schnecken, die sich bei der Berührung mit einem Grashalm zusammenkrümmen, Volk der Frauen, Matriarchat russischer Puppen, *ka ou vlé mouin di ou, mouin pa sav sa sa ié, tou sa mové butin*, märchenhaft seidiges Innenleben einer schwedischen Vulva, anonyme Lustschreie, Glocke in der Klosterbibliothek, Riesenportionen Fleisch, Blätterteig, Käse, Wein, Erschöpfung, Kraftlosigkeit, Konvaleszenz,

Kartons, Lastwagen, Umzüge, Irrfahrten, Langeweile und Überdruss, schwarze Erde unter den Nägeln, rissige Finger, Geschmack von Havannas

wozu diese langen theoretischen Auslassungen über Erregungszustände und heitere Strände, diese Folge von flüchtigen Erinnerungsfetzen, dieses intime Kaleidoskop?

wenn mir nur noch eine Stunde bliebe, würde ich der Versuchung zur Nostalgie nicht nachgeben, zur Rückkehr in die Vergangenheit, zum Hohelied auf die Madeleine,

trotz allem passiert es, dass ein vergessener Augenblick auf- und wieder untertaucht,

der Tag, an dem ich mit dreizehn Jahren fast gestorben wäre, an dem ich wusste, dass ich 48 Stunden Ungewissheit ertragen musste, dass mein kurzes Leben dann schon zu Ende sein könnte, erleichtert kam ich davon, nicht unzufrieden, aber mit diesem Gefühl, das mich nie wieder verlassen sollte, dem Gefühl, dass alles, was danach kam, Zugabe war, nicht hätte sein müssen, ein Geschenk des Zufalls, Bonus, Prämie, Nachschlag

wenn ich diesen Film zurückspulen würde, wenn erneut, und dieses Mal wirklich, mein Ende nahte, ohne Bonus und Nachschlag, täte ich das Einzige, was ich einigermaßen kann,

ich würde schreiben

kaum eine Stunde lang,

aber zur freien Verfügung, so viel sich schaffen ließe

ohne dass mich irgendjemand fragte, ob das Philosophie oder etwas anderes sei, Poesie oder sonst eine Gattung

❦

ich möchte einfach nur schreiben,

schreiben, ich hab ja wohl das Recht zu träumen, wie der Bird das Saxophon im *Showcase* gespielt hat, wie Coltrane, Rollins oder Coleman an ihren besten Tagen, mal Getz, mal Giuffre, ich frage mich, ob Nietzsche Jazz gemocht hätte, ich bin geneigt, das zu glauben, ein Mann, der mit Wagner brach und von Bizet schwärmte, jemand, der Sterne und Diderot las, muss den Jazz geliebt haben, jedenfalls stelle ich mir das vor,

wenn ich nur noch eine Stunde zu leben hätte, würde ich schreiben, wie Dolphy, Shorter und einige andere spielen, mit Synkopen, heißem Atem, Rhythmusbrüchen, ich würde gern denken, wie sie improvisieren, Sätze schreiben, wie sie die Töne hinausjagen, Ideen vortragen, wie sie die Stille zerreißen

jedem seine Illusionen, seine kleinen Träume, seine Körbe und seine Fehlwürfe,

oder manchmal, ganz selten, der entscheidende Wurf,

ohne zu wissen, warum und ob es wirklich das tausendste ist,

dank Feinabstimmung, Korrektur und Zufall, Stimmlage, einer Zehntelsekunde, dank eines guten Ohrs, des richtigen Blicks, Ungezwungenheit und Meisterschaft, unnachahmlich und intuitiv,

bleibt die Frage, warum das Schreiben, warum nicht irgendetwas anderes, Baseball entdecken, Lyra lernen, nur um den Gedanken an diese erste Stunde zu haben, ein letztes Mal spazieren gehen, einen Grashalm fest ins Auge fassen, zenmäßig,

all das wäre möglich

und die Liste der anderen Möglichkeiten wäre viel länger, definitionsgemäß unendlich

wenn es also das Schreiben sein muss, dann müsste ich sagen, warum,

ich versuche nicht, mich zu rechtfertigen, sondern die Gründe zu erkennen, ich glaube, ich habe die Antwort

wenn ich nur noch eine Stunde zu leben hätte, würde ich das Schreiben als List gegen den Tod wählen,

eine schwache List, begrenzt, fast nutzlos, armselig vielleicht, auf ihre Art

aber keineswegs unwirksam, sicherlich habe ich das noch nie so klar verstanden,

sollte ich in weniger als einer Stunde tatsächlich von dieser Welt verschwunden sein, würden die Worte, die ich hier niederschreibe, überdauern

ich wäre endgültig zur Bewegungslosigkeit erstarrt, unfähig, die geringste Spur zu hinterlassen, den geringsten Gedanken hervorzubringen, die geringste Empfindung zu übermitteln, ohne die Möglichkeit irgendeiner sichtbaren Manifestation, irgendeines Eingriffs in die Welt,

trotzdem würden die Sätze bleiben, die ich gerade bilde, stünden Lesern zur Verfügung,

eines Tages vielleicht, in absehbarer Zeit oder nach Jahrhunderten, könnten sie sich ihrer bemächtigen, mit den Achseln zucken, darüber lachen oder weinen

das ist etwas sehr Seltsames, unendlich Merkwürdiges,

das bedeutet nicht, dass der Tod besiegt wäre, sondern nur, dass er umgangen wäre, durch die List des Schreibens teilweise ausmanövriert

In Rabelais' alter Metapher von den «gefrorenen Wörtern» sind die Wörter plötzlich erstarrt, der Zeit enthoben, aus ihrem Strom herausgenommen

als sei mit einem Schlage die Gegenwart zur Ewigkeit geworden, dem Verfall entzogen,

was ich in diesem Augenblick schreibe, wird im nächsten Moment schon Vergangenheit sein, aber ich kann darauf zurückgreifen,

würde ich nicht in weniger als einer Stunde …

aber es bliebe möglich für andere, morgen, in

einem Jahr, einem Jahrhundert oder einem Jahrtausend

jemand könnte auf diesen besonderen Augenblick stoßen, fixiert auf einem Blatt Papier oder einem Bildschirm,

beim Schreiben geht es immer um Singuläres,

es ist gleichgültig gegen das, was es bewahrt

es wäre töricht zu glauben, ihm wäre daran gelegen, erhabene Worte zu retten, nur zu konservieren, was den Aufwand lohnte,

ihm sind die großen Werke und die tiefen Meditationen gleich,

die Schrift zeichnet alles auf, Graffiti, Obszönitäten, Wäschereirechnungen, Archivalien, Viehzählungen,

das ist ebenfalls, vielleicht vor allem, etwas, was mich an diesem Rätsel interessiert,

der Umstand, dass die Schrift den Staub der Augenblicke aufbewahrt, die Mikrofasern der Zeit verewigt, sicherlich nicht endgültig, aber immerhin ein Mikrofaktum lange Zeit vor dem Verfall, dem Verderben, dem Altern schützt, vor all den Prozessen, die es verändern und verwandeln

noch heute verfügen wir über die Inschrift, die ein Soldat der Antike eines Tages, oder wohl eher eines Nachts, an die Wand eines ägyptischen Bordells kritzelte, wir wissen nichts über diesen Soldaten noch über das Mädchen, das er bezahlt hat, noch über die Umstände des Augenblicks,

aber wir kennen trotz all der Jahrhunderte, die verstrichen sind, seine obszöne Bemerkung,

genauso sind uns Belanglosigkeiten von Sträflingen überliefert, Gebete kleiner Leute, Apothekerrechnungen, Zaubersprüche, längst vergessene Heldentaten, Einkaufslisten, Anrufungsformeln, Rezepte, intime Albernheiten, öffentliche Erlasse

jedes Mal dient die Schrift der Fortdauer des Singulären, verleiht dem zum Untergang bestimmten Augenblick gewissermaßen Ewigkeitswert, selbst wenn er kaum Verdienste besitzt, nichts hat, was ihn auszeichnet,

die Schrift funktioniert eigensinnig, indifferent in ihrer Eigenschaft als Falle für Augenblicke, wie ein Sikkativ in der Malerei,

sie trocknet die Substanz eines Augenblicks ein,

trotzdem lässt sich nicht sagen, sie hätte die Zeit fixiert,

nicht die Zeit wurde ruhiggestellt,

sie dauert an, setzt sich fort, ihr Fluss hält niemals inne, durch die Schrift wird ein Handlungsfragment, ein Lebenssplitter, eine Geste eingefroren

nichts als Singuläres,

nichts Allgemeines lässt sich niederschreiben,

nichts Allgemeines überlebt – nebenbei gesagt –

nur das Singuläre widersteht dem Tod, genau das will ich: Augenblicksgravuren, Sinnteilchen,

den Versuch machen, eine Handvoll Staub weiterzugeben, vorübergehend erstarrt, der jedes Auge, das er erfasst, auf seine Art in Bewegung setzt, viel später, ohne dass ich etwas davon weiß

∞

warum weitergeben?

die Frage stellt sich eigentlich nicht,

leben und sterben ist gleichbedeutend mit weitergeben, so wie Tausende und Abertausende von Pflanzen- und Tierarten, die mit uns die Existenz auf dieser Erde teilen, Verschwinden und Weitergabe in sich vereinen,

kein Individuum löst sich auf, ohne für eine gewisse Kontinuität gesorgt, ohne ein bisschen Sporenstaub, Pollen, Samenkörner, Eier weitergegeben zu haben …

in alle Himmelsrichtungen verstreut oder an einem sicheren Ort abgelegt, bezeugen diese Atome, dass niemand und nichts verschwindet, ohne der Nachwelt etwas zu hinterlassen,

für fast alle Arten ist das nicht mehr als eine Frage der DNA

für uns, die wir darüber hinaus von Wörtern, Repräsentationen, Zeichen und Gedanken leben, ist selbstverständlich, dass der Tod auch die Schrift und die Weitergabe von Ideen verlangt,

deshalb haben wir Erziehung, Sitten, Gesetze, und all die Regeln, Normen, Übungen und Ausbildungen geschaffen

es stimmt nicht, dass für unser Erbe kein Testament niedergelegt wurde, wie René Char meint,

das Problem liegt genau umgekehrt: es gibt eine Überfülle von Testamenten, Kakophonien, Pandämonien, unendlich viele Weisungen, Hinterlassenschaften, Ratgeber und Gesetzestafeln

warum sollte ich noch ein weiteres Vademecum hinzufügen? aus Hochmut, Ehrlichkeit oder beidem, so gut gemengt, dass sie nicht mehr zu unterscheiden sind?

die Notwendigkeit, die mich treibt, ist von anderer Art

ich stelle mir vor, dass wir auf der Oberfläche einer Seifenblase leben

sie scheint fest, solide, unerschütterlich und stabil zu sein, leuchtend und schillernd, bis sie platzt und plötzlich verschwunden ist,

in dieser Gewissheit können wir unbehelligt auf der Blase leben und uns darin üben, dem unausweichlichen Platzen mit einer gewissen Gelassenheit entgegenzusehen,

solange die Blase hält, wirkt sie auf ihre Art vollkommen, dicht und bunt, so präsent und konsistent, dass es undenkbar erscheint, sie könne sich mit einem Mal in nichts auflösen,

zu wissen, dass sie fragil ist, unendlich fein und durchsichtig, ändert nichts an ihrer Pracht,

wir müssen mit dieser unausdenkbaren Grenze zwischen Leben und Tod leben, die zugleich allgegenwärtig und unsichtbar ist, unüberwindlich und in Sekundenbruchteilen überschritten, höchst einfach und doch unbegreiflich

jetzt, da ich mich davon überzeugt habe, dass die Blase nach einer bestimmten Frist platzen wird, sehr bald und unausweichlich, muss ich an diesem Gedanken festhalten, ohne mich von ihm einschüchtern zu lassen

ich glaube nicht recht an selbstverkündeten Heroismus, aber ich versuche, solange ich kann, dem zu ähneln, der sich vom Tod nicht einschüchtern lässt, nicht mit den Zähnen klappert, zwar weiß, dass das Ereignis unentrinnbar und nahe ist, aber

weiterredet und davon träumt, das letzte Wort zu
haben,

der vor dem großen Schweigen noch ein paar
Sätze loswerden möchte, bevor die Kugel trifft
und alles aufhört, der die mutige Überzeugung
hegt: der Tod sei niemals wichtig, er könne Wich-
tiges bewirken, aber nie zu den Dingen gehören,
die wichtig sind, dennoch müssen wir den Tod,
um zu begreifen, dass er nicht zu den Dingen
zählt, die wichtig sind, mit ihnen versöhnt haben,
und auf diese Weise einen Zustand ausgelassener
Fröhlichkeit erwerben oder wieder erwerben

je weiter die Zeit fortschreitet, desto stärker ver-
flechten sich die Paradoxa: an den Tod denken,
der undenkbar ist, mich vom Nichts überzeugen,
ohne dem Nihilismus zu verfallen, weitergeben,
ohne Wissen vorzugeben, in dieses Flechtwerk
vordringen, ohne mich in Widersprüche zu ver-
stricken

❦

eine Überzeugung hält mich über Wasser: *wir wissen nicht viel*, so wird es immer bleiben, und letztlich ist das auch nicht besonders schlimm

auf den ersten Blick eine seltsame Aussage,

denkt man an das schwindelerregende Wissen, das die Menschheit angehäuft hat, angehäuft im Laufe von Jahrtausenden und ungeheuer vervielfältigt in den letzten Jahrzehnten,

es hat den Anschein, als hätten wir praktisch alles erforscht, klassifiziert, vermessen, vom Plankton bis zu Schwarzen Löchern, von Genen bis zu Vulkanen, von Quarks bis zu Marswüsten, von Koalabären bis zu Enzymen,

wir können jede Frage beantworten, jeden Appetit stillen, alle Datenbanken füttern, den Wissensdurst eines jeden befriedigen,

einen Durst, der in allen Menschen verankert ist, unabhängig von Gesellschaft, Kultur und Erziehung, ein Durst, der so mächtig ist, dass Leben zwangsläufig gleichbedeutend mit Lernen ist, mit der Entdeckung aller überhaupt möglichen «Weils», einer unendlichen Zahl von Erkenntnissen, praktischen, theoretischen, wissenschaftlichen, moralischen, künstlerischen, die an der Natur und an der Menschenwelt gewonnen wurden

wie sollen wir unter diesen Bedingungen beteuern, wir wüssten nicht viel?

und obendrein noch, es sei nicht schlimm?

weil es für jedes Wissen eine Grenze gibt, ein Jenseits, von dem wir nichts wissen, was unerträglich erscheinen kann: warum sollte der Erkenntnis eine endgültige Schranke gesetzt sein?

unsere Zivilisation macht sich vor, diese Grenze sei vorläufig

wir wissen dieses oder jenes noch nicht? nur Geduld, hier ein paar Forschungsmittel, dort einige Preise, und schon bald wird es die Wissenschaft herausgefunden haben!

gewiss, in vielen Fällen wird diese Erwartung erfüllt,

gelegentlich später als erwartet, häufig nicht in dem Umfang wie erhofft,

aber zweifellos dürfen wir damit rechnen, dass die Rätsel von heute morgen gelöst sind

was aber nichts daran ändert, dass die Wissenschaft niemals ans Ende kommt,

niemand wird eines schönen Tages die Labors und Institute schließen und ausrufen: «fortan wissen wir alles! meine Damen und Herren, die Wissenschaft ist geschlossen, vor sehr langer Zeit haben wir unsere Forschung begonnen, aber nun sind wir ans Ende gelangt, die Totalität dessen, was es zu erkennen gab, ist erkannt, es ist vollbracht»

daher kann die Erkenntnis unmöglich ans Ende gelangen, woran die Grenzen unseres Wissens schuld sind,

Kant unterscheidet sie von den Schranken,

die Schranken sind beweglich und verschieben sich ständig,

es gibt durchaus Gebiete, auf denen wir das, was wir heute noch nicht wissen, morgen schon besser und übermorgen vielleicht schon ganz erkannt haben werden,

aber das gilt jeweils nur für limitierte Probleme

unabhängig von diesen Schranken, die von Generation zu Generation und von Jahr zu Jahr hinausgeschoben werden, gibt es die Grenzen, unüberwindliche Barrieren, über die unsere Erkenntnis unter keinen Umständen hinausgelangen kann

beispielsweise haben wir nicht die geringste Ahnung, was nach unserem Tod ist, egal was wir anstellen, wir werden niemals irgendetwas darüber erfahren

noch aus einem anderen, viel gewichtigeren, Grund wird uns das absolute Wissen immer verschlossen bleiben

in dem Maße, wie unser Wissen wächst, nimmt auch unsere Unwissenheit zu,

wir wissen umso weniger, je mehr Erkenntnisse wir sammeln,

wer wenig weiß, dessen Unwissenheit ist auch sehr gering

nur ein Blick von außen auf den Nichtwissenden, der Blick dessen, der viel darüber weiß, kann erkennen, dass die Lücken des Anfängers größer sind als seine Kenntnisse,

der Anfänger weiß nicht, dass er so wenig weiß,

er ist stolz auf seine ersten Erfolge, und zwar umso mehr, als ihm das Ausmaß dessen, was er nicht weiß, unbekannt ist,

doch in dem Maße, wie er Fortschritte macht, wie er den Bestand seines Wissens vergrößert, beginnt er zu begreifen, wie unzulänglich sein Wissen ist

eine gewisse Unwissenheit bleibt also unser Schicksal, unbegrenzt, unabänderlich, ohne Hoffnung

ich halte es für notwendig, gegen die universelle Obsession mit Sachverstand und Kompetenz die Partei der Unwissenheit zu ergreifen,

auch auf die Gefahr hin, ein weiteres Paradoxon einzuführen,

zumal die Beziehungen der Philosophie zur Unwissenheit immer ambivalent waren

es herrscht Einigkeit darüber, dass der Wissensdrang die Grundlage der Philosophie bildet, die ihrerseits verkündet, dass wahre Erkenntnisse gut und erstrebenswert seien,

weshalb man sich um sie vor allen anderen

Dingen bemühen müsse – Lust, Macht, Vergnügen, Erfolg,

dabei gerät die erste Bedingung in Vergessenheit: Wissen ist erstrebenswert nur für den, der sich seiner Unwissenheit bewusst ist und sie beseitigen oder zumindest verringern will,

was bei den Philosophen eine erste aus Anziehung und Abstoßung gemischte Einstellung zur Unwissenheit hervorruft

diese Urbeziehung, dunkel und unterdrückt, ist so machtvoll, dass die Philosophie möglicherweise die Tochter der Unwissenheit war, bevor sie die Geliebte des Wissens wurde,

Sokrates war sich darüber durchaus im Klaren, als er verkündete, er wisse lediglich, dass er nichts wisse, womit seine Unwissenheit Prüfstein, Tugend und erster Schritt zum Wissen wurde

noch ein Schritt

die Unwissenheit ist nicht einfach ein Ausgangspunkt, der anschließend fröhlich in Vergessenheit gerät,

sie ist auch nicht einfach eine längst erledigte Frage, die einmal von den ersten Denkern der Antike aufgeworfen wurde,

während der gesamten Philosophiegeschichte hat die Unwissenheit eine entscheidende Rolle gespielt, noch heute ist sie Gegenstand methodischer Forschung,

das, was sie so anziehend macht, sind noch immer die Grenzen unseres Denkens, das Jenseits unserer Begriffe, der verborgene Kern unserer Überlegungen, die weißen Flecken, die sich unseren Analysen entziehen

in der gegenwärtigen Inflation der Wissensangebote, in der unendlichen Vervielfältigung der Erkenntnisse, gegen den allgegenwärtigen Hochmut der «Wissenden», gilt es, unüberhörbar auf die vorhandenen Grenzen unseres Wissens zu verweisen,

daher könnte man die Philosophen durchaus als die «Hüter der Unwissenheit» bezeichnen

was natürlich nicht heißt, dass sie dem Obskurantismus das Wort reden, auch wenn es Extremisten gibt, Mystiker der «gelehrten Unwissenheit», die die Erkenntnis selbst für schlecht und trügerisch halten,

nehmen wir den ungehobelten Griechen Antisthenes, der behauptete, der wirklich Weise dürfe noch nicht einmal lesen lernen,

oder auch die Zen-Mönche, die das Schweigen dem Sprechen, Stockschläge gelehrten Unterweisungen vorziehen

einfacher: ohne das Wissen durch Leere zu er-

setzen, ohne die Dummheit zu preisen, empfiehlt
es sich, die Hybris der Alleswisser zu bekämpfen,
ihre *Megalosophie*, ihre kognitive Hypertrophie, den
Horizont wieder in den Grenzen unserer menschlichen Unzulänglichkeit heimisch zu machen

Montaigne wusste es sehr genau, auch Sextus
Empiricus in der Antike sowie alle Philosophen,
die sich skeptisch oder pyrrhonisch nannten, vom
Griechen Pyrrhon über David Hume und viele
andere bis zu Michel Foucault,

alle entschieden sich, die Unwissenheit aus-
zuhalten, wobei sie unterstrichen, dass die Wahrheit in den meisten Bereichen prinzipiell unerreich-
bar für uns bleibt und dass uns das keineswegs als
Vorwand für Verzweiflung dienen darf

ich gehöre zu Letzteren, den Leuten, die zweifeln, mit dem Bewusstsein leben, dass die Unwissenheit der unüberwindliche Horizont unserer
menschlichen Natur ist,

deshalb würde ich, hätte ich nur noch eine
Stunde zu leben, die Sehnsucht nach dem ver-
meiden, was ich nicht weiß, was ich noch hätte
kennenlernen, schätzen und entdecken können,
was sich jetzt meiner Erfahrung auf immer entziehen wird,

denn ich bin überzeugt davon, dass Nicht-
wissen kein Unglück ist, kein Bruch mit der weit

überwiegenden Mehrheit der Philosophen, die die Unwissenheit schätzen, um sie hinter sich zu lassen, um sich den Wissenden anzuschließen und schließlich das Ufer der Wahrheit zu erreichen,

sie vergessen, dass die Wahrheit sich entzieht, nur ein Trugbild ist, eine nutzlose Wendung, eine nutzlose Qual, eine Geschichte, die erfunden wurde, um den Menschen den Schlaf zu rauben,

wir sollten uns lieber sagen, dass es gar kein Ufer gibt, nur eine Schiffsreise ohne Ende,

wir haben nur extrem begrenzte Mittel, in Erfahrung zu bringen, was wahr ist – das geht nur lokal, in eingeschränkten Bereichen –, und überhaupt keine Mittel, die Wahrheit im absoluten Sinne zu erkennen,

noch nicht einmal, zu bestimmen, ob die Äußerung «wahr im absoluten Sinne» überhaupt eine Bedeutung hat oder nicht und, wenn ja, unter welchen Bedingungen,

die letzte Wahrheit, die endgültige und allumfassende, ist uns, wenn es sie denn überhaupt gibt, vollkommen unzugänglich,

selbst wenn unsere Lebensdauer mit einem Faktor zehn, hundert oder tausend multipliziert würde, wenn unsere Intelligenz und Gedächtnisfähigkeit entsprechend aufgerüstet würden, könnte das nichts an den Grundbedingungen ändern, es ist keine Frage der Zeit, der Fähigkeiten und der Datenmenge

es geht allein darum, auf den falschen Ehrgeiz zu verzichten, «die» Wahrheit zu erkennen, und die Freude über diesen befreienden Verzicht zu genießen,

denn dieser Abschied ruft keine Traurigkeit, nicht die geringste Niedergeschlagenheit hervor

∞

auf das absolute Wissen zu verzichten, *macht große Freude*

damit beginnt die große Rundreise der Überraschungen, Kuriositäten, Entdeckungen und der endlosen Unvertrautheit

wie denkt man hier? was glaubt man dort? was hat man unter diesem Himmel entdeckt? welche Macht herrscht hinter jenem Gebirge? an jedem Ort, der wegen seiner Erkenntnisse verehrt wird, der als weise gilt und in dem Ruf steht, alles zu wissen, was gewusst werden muss?

letztlich spielt es keine Rolle, ob dort wirklich verehrungswürdige Geheimnisse gehütet werden oder nur arme, abergläubische Spinner ihr Unwesen treiben, mich amüsiert und interessiert, dass es uns zu neuen geistigen Experimenten zwingt, Geschmack an neuen Ideen finden lässt, zu immer neuen Exkursionen lockt, von einer Entdeckung zur nächsten,

zum unendlichen Abenteuer immer neuer Unterschiede statt zur feierlichen Unbeweglichkeit der Wahrheit,

wenn ich mich in aller Eile auf das Wesentliche beschränken müsste, auf das, was zählt, das Nützliche, ohne Beiwerk und Ausschmückung, würde ich sagen, verzichtet auf das alte Verlangen nach Wahrheit

solange es uns quält und ängstigt, müssen wir suchen, tasten, fragen, was ist die richtige Antwort, die gesicherte Erkenntnis, die Regel, die es zu befolgen gilt? welche ist die beste? ist es diese hier oder jene dort? oder eine ganz andere? wie können wir es wissen? wie sicher sein? wie aufhören, zu zweifeln, zu schwanken, von Vermutung zu Vermutung zu taumeln?

natürlich gibt es Fälle, für die gesicherte Antworten existieren, faktische Wahrheiten, logische Gewissheiten, schlüssige Beweise,

doch das sind vereinzelte Felsen inmitten von Meeren der Ungewissheit, Wahrheiten, die nur nebensächliche Dinge betreffen

bei denen, die uns im Innersten betreffen, sind

wir gleich wieder auf die ruhelose Suche, den ewigen Zweifel zurückgeworfen

doch statt diese fundamentale Ungewissheit als Hölle und Albtraum zu erleben, täten wir besser daran, sie als unerschöpflichen Quell reiner Freude zu nutzen,

das ist nicht weiter schwierig,

im Unendlichen warten Traumlandschaften, Luftschlösser, Schattentheater, Phantasiezirkusse

ohne unstrittige Wahrheiten

aber diese Schlösser und Landschaften gibt es in so großer Zahl und Vielfalt, dass unser kurzes Dasein kaum ausreicht, um sie auch nur ansatzweise zu entdecken,

aber doch hinreichend, um sogleich zu erkennen, dass einige gefallen und andere nicht,

manche beunruhigen und manche langweilen, bezaubern oder zu Tode erschrecken,

und jeder, der verinnerlicht hat, dass das Leben nicht die Suche nach Wahrheit ist, da diese nicht existiert oder uns auf immer unzugänglich bleibt, wird es vorziehen, endlos von einer Lehre zur anderen zu wandern,

so wie man ferne Länder besucht, exotische Speisen kostet, in unbekannte Wasser taucht,

Schluss mit dem Pathos der Unwissenheit, ihrem bösen Zauber, den drohenden Schatten, die großen Irrtümer, die wir begehen, sind nicht immer an ihre Existenz geknüpft,

das Wissen lässt uns genauso viele Irrtümer begehen wie die Unwissenheit,

wir haben noch immer keine Ahnung, worauf die Geschichte, auf die wir uns eingelassen haben, hinausläuft,

daher müssen wir diese Unwissenheit aushalten, wohl wissend, dass sie im Grunde nicht zu ändern ist,

selbst wenn es sich offenbar von Fall zu Fall empfiehlt, die eine oder andere Lücke zu füllen, uns weder dem Fortschritt der Wissenschaft noch der Technik zu verweigern

ich sehe die Uhrzeiger wandern, die verbleibende Zeit schrumpfen und beschließe, meinen Zweifel zu vererben?

es gilt, dieses Prinzip der Ungewissheit zu postulieren

für die Tiere, die wir sind, konfrontiert mit Rätseln, die unlösbar für uns bleiben,

intelligent genug, um das Vorhandensein der Fragen zu begreifen, aber nicht genug, um sie zu beantworten

die Anmaßung der Philosophen, jedenfalls der meisten: sie behaupten, der Verstand genüge für alles,

den richtigen Gebrauch vom Denken machen,
es als Richtschnur des Daseins einsetzen, alle Irrtümer und Unregelmäßigkeiten beseitigen,

was letztlich nur eine Torheit mehr ist, da auch
die Wahrheit Leidenschaften erzeugt, die uns eher
blenden als erleuchten

⚭

statt die Wahrheit, die Ideen, die Abstraktion an-
zubeten, wäre es besser, *seidenweiche Leiber zu lieben*, Wesen aus Fleisch und Blut, die denken und
sprechen,

der Ratschlag zu lieben wäre absurd,

Liebe lässt sich nicht vorschreiben, empfehlen
oder von außen vermitteln,

jeder empfängt den Impuls von innen wie den
Drang zu atmen, zu essen, zu schlafen,

mit der Besonderheit, dass dieses Innen bereits
ein Außen ist,

entbindet die Liebe jeden von sich selbst, um
ihn sogleich und unausweichlich an jemand anders zu binden,

wir können allein atmen, isoliert essen, ohne
jemand anders schlafen

aber nicht lieben

das geschieht immer im Selbst und außerhalb des Selbst, der andere zuerst

die Liebe ist das Mysterium, das alles umkehrt

die Umkehrung des Zweifels, der Unwissenheit, der Vernunft

wer liebt, ist in der Evidenz,

geschenktes Leben,

niemand weiß, wie, niemand weiß, durch wen, einfach so,

ohne Gegensatz, ohne Kehrseite,

als einzige Möglichkeit, nicht zu sterben,

lieben und leben sind weder zwei verschiedene Verben noch zwei verschiedene Körperzustände, nur ein und dieselbe Intensität im Dasein

deshalb haben die Philosophen über die Liebe eigentlich nichts Interessantes zu sagen,

dieses Wissen ist nicht für sie,

es enthält nichts, was zu widerlegen oder zu dekonstruieren wäre, weder Argument noch Präsupposition noch Deduktion, sondern reine Evidenz,

stärker als Worte, unvernünftig und gewalttätig bis in die Zärtlichkeit,

bleibt die Liebe unbehelligt von den Philosophen, die von ihr nicht viel verstehen,

weil es an ihr in ihrer Pracht nichts zu verstehen gibt!

darin sind sich seit jeher Dichter, Künstler und alle anderen einig, nur die Theoretiker nicht,

die Theorien über die Liebe sind lachhaft wie feuchte Knallfrösche, fallende Heißluftballons, Zerrspiegel

Laotses alte Weisheit: «wer spricht, weiß nicht, wer weiß, spricht nicht», dürfte auf den Versuch, sich über die Liebe zu äußern, mehr als auf jedes andere Thema zutreffen,

die Liebe macht redselig, gewiss, unendlich redselig, aber nicht in Bezug auf sie selbst,

über sie gibt es nicht das Geringste zu sagen,

im Grunde wissen wir weder, warum wir lieben, noch, was wir eigentlich tun, wenn wir lieben,

es ist besser, nicht darüber zu reden

«warum liebst du mich?», irgendwann kommt diese Frage unvermeidlich, nicht leicht zu beantworten, «ehrlich, ich weiß es nicht», ehrlich, aber verletzend, vielleicht noch nicht einmal hörbar,

eine Unwissenheit, die schwer zu ertragen ist, wie ist zu akzeptieren, dass wir eigentlich nichts wissen über das, was uns so bedingungslos umtreibt, erschüttert, hinreißt?

wie zugeben, dass das ausschließlichste Begehren unserer Existenz völlig überraschend kommt, immer dort, wo wir es nicht erwarten, sich unauffällig einnistet, sich entwickelt, ohne dass wir es begreifen, und manchmal unvermutet wieder verschwindet? die Liebe führt ein Eigenleben, ganz zu uns gehörig und doch so fremd, lässt sie, welch seltsamer Gedanke, an einen ansteckenden Prozess denken, ein Virus, das uns verändert, sodass wir zugleich «wir» und «nicht wir» sind

äußerst irritierend für alle, die vorgeben, vernunftgesteuert zu leben, und ist es nicht der Traum der Philosophen, dieser Maxime zu folgen? denn die Liebe hat nicht das Geringste mit der Vernunft zu tun, nicht im Entferntesten,

keiner Berechnung fähig, nicht zu Halbheiten bereit, so töricht wie anbetungswürdig, fühlt, träumt, wünscht, imaginiert, plant, entwirft sie, aber denkt nicht,

jedenfalls nicht im Sinne einer methodisch zu Werke gehenden Reflexionstätigkeit,

sie besteht nur aus Polaritäten, Potenzialunterschieden, Abständen zwischen Paradoxa,

man könnte sagen, dass sie keinen wirklichen Inhalt, kein eigenes Wesen hat und dass sie genau daraus ihre unendliche Macht gewinnt, sie ist reiner Zwischenzustand, bloßer Übergang

das ist der Grund, warum sich in so viele Liebesbeteuerungen der Hass mischt,

die Liebe führe in die Irre, heißt es etwa, weil

sie nicht wisse, was sie tue, weil sie sich über sich selber täusche,

sie sei gebeutelt von Widersprüchen,

obwohl kurzlebig, halte sie sich für ewig,

obwohl abhängig, meine sie, autonom zu sein

einer sagt, der Körper, den du liebst, ist heute schön, begehrenswert, glatt und betörend, aber morgen schon wird er welk, runzlig, schlaff und abstoßend sein,

den Körper, den du liebst, wirst du nicht mehr lieben

ein anderer sagt, der geliebte Körper ist oberflächlich prachtvoll, anziehend, begehrenswert, du berauschst dich an dem Duft seiner Haut, seiner Textur, seiner Farbe, ohne daran zu denken, was darunter ist, Blut, Eingeweide, Säfte, Exkremente,

du liebst nur eine Oberfläche, eine Äußerlichkeit, eine Hülle

dann kommt noch einer, der dir die Illusion rauben möchte, indem er dir erklärt, dass weder du der Anlass bist noch der andere,

du glaubst, den anderen wegen seiner einzigartigen Ausstrahlung zu lieben, ihm unvergleichlich zu erscheinen, wenn er dich anblickt, dabei ist es nur eine List, mit der die Art ihre Fortdauer zu sichern trachtet, eine Frage der Hormone, der

Gene, physiologischer Zyklen, das vielbesungene Gefühl ist nur eine große Täuschung!

diese drei Sarkasten sagen zwar nicht dasselbe, aber ein Argument ist ihnen gemeinsam: sie streichen einen illusionären Aspekt der Liebe heraus,

jedes Mal wird ein Teil der Wirklichkeit zu Unrecht mit ihrer Totalität gleichgesetzt

laut dem ersten siehst du die Gegenwart, vergisst aber den Zahn der Zeit, die nicht allzu ferne Zukunft, die den Zauber zerstört,

der zweite behauptet, du würdest nur die Oberfläche wahrnehmen, aber alles vergessen, was sich darunter verbirgt, die versteckten Seiten des Körpers, seine abstoßenden Aspekte, den Schmutz, den du nicht siehst,

der dritte versichert, dass du dich zwar für frei und einzigartig hältst, glaubst, eine Leidenschaft zu empfinden, die nur euch beide betrifft, dass du aber die Natur nicht zur Kenntnis nimmst, die Mechanismen, mit denen das Leben seine Fortdauer sichert, die dunkle Kraft, die in dir wirkt,

in allen drei Fällen läuft die Berichtigung des Fehlers also darauf hinaus, den Teil wieder in das Ganze einzugliedern, die Gegenwart in die lange Abfolge der Jahre, die Schönheit der Oberfläche in die Gesamtheit des Organismus, die Liebesgeschichte in das Überleben der Art, als dürfe man sich keinesfalls hinters Licht führen lassen und müsse, um den Durchblick zu gewinnen, woanders hinschauen, in weitere Ferne, größere Höhe, aus einer anderen Perspektive,

damit am Ende der Irrtum der Liebe am Wissen der Wahrheit zerbricht,

diese Argumente sind blanker Unsinn, niedriger Rachsucht, schäbiger Dummheit entsprungen

jeder Versuch, die Liebe von außen zu betrachten, ist von vornherein zum Scheitern verurteilt,

auf jeden Fall bei denen, die sie empfinden,

der Ausgangsfehler ist nicht nur die Überzeugung, die Liebenden seien Argumenten zugänglich, sondern der Glaube, sie seien überhaupt in der Lage, auch nur eine Sekunde aus ihrer Liebe herauszutreten,

man kann einen Liebenden von außen betrachten, ohne an seiner Leidenschaft teilzuhaben, man kann über seine Blindheit staunen, über seine Dummheit, seine Naivität, über seine Blauäugigkeit lachen oder weinen,

aber das ist nur unter der Bedingung möglich, dass man nicht an seiner Stelle ist, nichts von seiner Liebe spürt,

es ist absolut unmöglich, zugleich innerhalb und außerhalb einer Liebe zu sein,

so wenig wie zugleich innerhalb und außerhalb
eines Zimmers, innerhalb und außerhalb des eigenen Kopfes

gewiss, wir können feststellen, dass das Gefühl
erstirbt, dass es an der Zeit ist, in den Speicher
der toten Lieben diejenige zu schaffen, die gestern
noch lebendig war, das lässt uns gelegentlich auf-
heulen in der Nacht, zerreißt uns oder bringt uns
zum Lachen, doch in der Regel endet es damit,
dass sich die Wunde langsam schließt,

aber es bleibt ein innerer Prozess, egal ob zu-
nehmend oder abnehmend, er überkommt die
Liebe von innen,

nie ist es ein Ereignis, das von außen kommt,
und noch weniger das Ergebnis einer Argumen-
tation!

also wenn ich nur noch eine Stunde zu leben
hätte, dann schrie ich hinaus, dass die Liebe
das Einzige ist, was zählt im Leben, ich schrie
es, wie der Widerstandskämpfer rief, bevor ihn
die Nazikugeln trafen: «die Brüste der Frauen
sollen leben!», und es wäre mir egal, dass manch
einer darin Torheit, Täuschung oder Trugschluss
sähe

weil die Liebeswirren unsere einzige Veranke-
rung sind,

ohne Grenze und ohne Außen,

die einzige Kraft inmitten unserer vielen Irrtümer

wenn du liebst, hörst du damit auf wegen ein paar Falten? im Gegenteil, wenn sich der Körper des anderen langsam wandelt, bewegt und berührt dich das, es kann dich nicht abstoßen und noch weniger deine Liebe töten!

das Pseudoargument des Ekels postuliert merkwürdige Grenzen,

ich liebe deine Augen, aber nicht deinen Wurmfortsatz, ich bin hingerissen von deiner Stimme, aber dein Parietallappen flößt mir Abscheu ein,

wo zieht man diese absurden Grenzen?

die Liebe verschlingt alles, Ohrenschmalz und Exkremente, abgeschnittene Fingernägel, Hautschuppen und Haare, Kleinhirn und Bauchspeicheldrüse,

hier ist jede Ausgrenzung absurd

die Liebe sortiert nicht, pfeift auf die Unterscheidungen des Alltags, «sauber» oder «schmutzig», «würdig» oder «unwürdig», «reich» oder «arm»,

sicherlich gibt es Neigungen und Abneigungen, Vorlieben und Aversionen, Verlangen oder Zurückweisung,

im Grunde geht es um ein Missverständnis,

der begehrende Körper, der Körper, der den Liebesakt vollzieht, ist nicht derselbe Körper, der

Sport treibt, den Garten pflegt oder sich einer
ärztlichen Untersuchung unterzieht

der liebende Körper, der verklärte, vergötterte
Körper, wähnt sich unsterblich, allmächtig, vollkommen mystisch und vollkommen fleischlich,
dem organischen Körper so fern, dass er nichts
mehr mit ihm gemein hat,

wer fühlt und erkennt, wie unendlich verschie-
den der liebende Körper vom organischen ist,
hört die sarkastischen Argumente nicht mehr,

die alte schlaffe Frau ist kein Einwand gegen
das prachtvolle junge Mädchen,

die Exkremente haben keine Macht über die
Schönheit, die List der Arterhaltung steht nicht
im Gegensatz zur Leidenschaft der Liebenden,

diese Dinge gehören nicht derselben Ordnung
an,

sie kommen aus völlig verschiedenen und voneinander unabhängigen Welten,

ohne irgendwelche Berührungspunkte

∞

freilich sollten wir leben, *ohne den Hass zu vergessen*

gäbe es nur die Liebe, wäre die Welt vielleicht
einfacher

obwohl ...

aber es wäre natürlich nicht die Welt, die wir kennen, die einzig wirkliche, in der uns der Hass unter tausend Gesichtern begegnet

Wille zur Zerstörung,

leidenschaftlicher Wunsch nach Vernichtung,

maßloser Hang zur Auflösung

die Welt entzweiend, seit es sie gibt

recht hatte der alte Empedokles, aus Liebe und Hass – dem «Streit» – die beiden entgegengesetzten Kräfte des Kosmos zu machen

die eine, nach Einheit strebend, ist bemüht, die getrennten Elemente und Wesen zusammenzuführen, zu verbinden, zu vereinigen, zu verknüpfen, zu verschmelzen, ihre wechselseitige Anziehung zu verstärken,

die Macht, die zusammenschweißt

die andere, die spaltet, teilt, auflöst, desorganisiert,

die Macht, die trennt, entfernt und zerstreut

die beiden Kräfte befinden sich in fortwährendem Konflikt,

aus ihrem ewigen Kampf erwachsen die Verwandlungen der Welt, Geburt und Tod, Frieden und Krieg,

diesem antiken Mythos verleiht Freud eine neue Dimension, indem er daraus Eros und Thanatos (Liebe und Tod) macht, die miteinander ringenden Kräfte der Seele wie der Kultur, die in einen endlosen Prozess der Vereinigung und Trennung verstrickt sind

der große Irrtum liegt in dem Glauben, wir könnten uns auf immer von dem Hass befreien oder ihn einfach diffamieren, indem wir ihn zum Übel schlechthin erklären

wir dürfen uns nicht verhehlen, dass es die Freuden des Hasses genauso gibt wie die Freuden der Liebe,

auch die Lust an der Zerstörung ist Teil unserer innersten Natur,

es wäre grundfalsch, würden wir das verkennen

ein schlechter Ratgeber wäre, der uns empföhle, die Lust zu unterdrücken, die wir an der Zerstörung empfinden,

William Hazlitt, einer meiner Lieblingsengländer, schreibt in dem Essay *On the pleasure of hating*: «wir empfinden ein widernatürliches, aber beglückendes Vergnügen daran, böse zu sein, denn das ist ein Quell der Befriedigung, der sich nie erschöpft»

ich möchte diese Befriedigung keinesfalls unter den Teppich kehren, ja, sogar betonen, dass der Hass eine außerordentliche Triebkraft ist, ein enormer Motivationsmechanismus, den wir

keineswegs unterschätzen oder schlechtmachen
dürfen, aber wir müssen uns schon darüber klar-
werden, wie wir mit ihm umgehen oder ihn sogar
nutzen können, ohne uns von ihm beherrschen
oder alles kaputt machen zu lassen

ich würde nicht so weit gehen wie Hazlitt,
der, dieses Mal ganz im Sinne Freuds, erklärt:
«das größte Wohl eines jeden liegt darin, seinem
Nächsten so viel Böses anzutun, wie er kann»,
aber ich halte es für nützlich, solche Bosheiten zu
verkünden, weil sie uns zur Einsicht in das Gegenteil bringen,

eine übertriebene und verblüffende Äußerung
regt den Widerspruchsgeist an,

behauptet einer, das Leben sei grausig, das Unglück flächendeckend, Ehrlichkeit längst vergessen, Vertrauen unmöglich … wird er allgemeine
Heiterkeit ernten

niemand nimmt ihm die Schwarzmalerei ab,
aber ihm kommt das Verdienst zu, unsere Auf-
merksamkeit auf all das Licht gelenkt zu haben,

dank dem Dunkel hellt sich alles auf!

verneinen Sie! es wird sich immer etwas Erfreu-
liches daraus ergeben

es gibt nämlich keine Möglichkeit, fortwährend
auf dem einen oder dem anderen Abhang zu ver-
weilen,

egal ob es sich um Liebe und Hass handelt, um Hell und Dunkel, Lust und Schmerz, von anderen fundamentalen Begriffspaaren ganz zu schweigen,

weil immer und überall *die Gegensätze gemeinsam zugegen sind*

Heraklit, ein weiterer Philosoph der griechischen Antike, sagte es auf seine Art: «der Weg, der aufwärts- und abwärtsführt, ist ein und derselbe»,

wenn du einen Abhang hinaufgehst, musst du klettern, aber für den, der in umgekehrte Richtung geht, oder für dich, wenn du dich auf dem Rückweg befindest, geht es abwärts,

es gibt natürlich nur einen Weg, der einfach auf zwei entgegengesetzte, aber jeweils in der Wirklichkeit verankerte Weisen beurteilt wird,

wir dürfen uns nicht mit der Annahme zufrieden geben, es sei außerhalb unser eine Wirklichkeit, die wir mal dunkel und mal hell sähen, mal pessimistisch und mal optimistisch, als hingen Anstieg und Abstieg des Weges nur von unserem Blickwinkel und unserer Stimmung ab

ein und derselbe Weg steigt und fällt zugleich, und es sind nicht unsere Sichtweisen, die den Unterschied ausmachen,

in der Wirklichkeit selbst gibt es zwei Facetten, zwei Abhänge, zwei Seiten, daher ist es unbedingt erforderlich, dass wir uns im Doppelsehen üben

∞

den Blick schärfen für Gegensätze, Kontraste, die permanente Spannung in der Welt, ständig bedenken, dass sich das, was wir als «voll» sehen, auch als «leer» wahrnehmen lässt, was wir für «gut» halten, auch als «schlecht» beurteilt werden kann, dass sich Lust und Schmerz miteinander mischen, genauso wie Reichtum und Armut, Mut und Feigheit, Liebe und Hass,

diese Gegensätze sind nie voneinander getrennt

wer gut, mutig, fröhlich und munter ist, fühlt sich auch, wenn der Weg abwärtsführt, schlecht, feige, traurig und finster

diese Doppelsicht müssen wir trainieren, damit wir ein genaues, plastisches Bild vom Leben und von der Welt bekommen,

aber diese Denkweise ist nicht spontan

ganz im Gegenteil, vorherrschend ist zunächst die Neigung, nur einen Aspekt der Dinge zu sehen, nur eine Seite der Welt zu berücksichtigen,

der eine sieht «alles schwarz», sein Nachbar «alles rosarot», manche sagen, sie seien voller Hass,

Traurigkeit, Verzweiflung, andere behaupten, im siebten Himmel der Freude und des Glücks zu sein

selten sind die Menschen, die ständig beides im Blick haben können,

trotzdem gibt es nichts Trügerischeres als die einseitigen Perspektiven, nichts Gedankenloseres als eine Äußerung wie «das ist gut, daher gibt es keinen Schatten» oder «das ist schlecht, daher gibt es kein Licht»,

so funktioniert die Welt nicht,

es gibt immer Spuren von Schatten und Sonne,

es genügt nicht, diese Spannung zu erkennen, wir müssen sie akzeptieren, aushalten, in uns aufnehmen, lernen, ihr standzuhalten,

es erscheint leichter und bequemer, sich einzureden, dass die Welt ein monolithischer Block sei,

aber es ist interessanter

und befreiender,

die Spannung der Welt zu bewahren, sie in jeder Geste, jedem Augenblick aufleben zu lassen,

alles ist wunderbar, ruhig und friedlich? warum deshalb das Elend der Welt, ihr Leiden und ihren Schrecken verleugnen? warum sollten die Horizonte der Freude, der Harmonie, der Zärtlichkeit versinken, wenn uns Verzweiflung überkommt?

nichts überwindet diese Spannung der Gegensätze,

unnütz, sich mit einer Dialektik zu belasten, die die Lösung dieser Konflikte verspricht,

sie können sich entwickeln, sich verwandeln, neue Gestalten annehmen, aber unter keinen Umständen auf Nimmerwiedersehen verschwinden

natürlich triumphiert mal das eine und mal das andere, aber nie löscht das eine das andere aus, verschlingt, verdrängt es

die Spannung bleibt,

sie ist die Realität, kann nicht überwunden und nicht unterdrückt werden

bestimmt der eine Abhang das Bild, herrscht nur ein einziges Element,

driften wir in eine Welt ab, die nicht das Geringste mit uns zu tun hat

ich sehe uns in einem Universum, wo zwei Prinzipien in ständigem Kampf liegen, wo der Widerstreit entgegengesetzter Kräfte nie zur Ruhe kommt,

ich weiß, dass uns ein Abgang ohne Rückkehr vorherbestimmt ist, dass uns die endgültige Erkenntnis verwehrt, die absolute – egal ob erste oder letzte – Wahrheit unzugänglich ist,

das stimmt nicht gerade fröhlich,

die Lage erschiene gewiss verzweifelt, mündete die Verzweiflung nicht in Fröhlichkeit

ich hasse die Jammerei, die Resignation in Hoffnungslosigkeit, Trübsal und Langeweile

diese Sackgassen verwandeln sich in Wege zu Frohsinn und Heiterkeit

die Unmöglichkeit des Erkennens kann ein Anlass zur Freude werden, die Spannung der Welt zum Ursprung der Weisheit, das Absurde zu einer Triebfeder des Lachens

im allgemeinen Zweifel, der absoluten Ungewissheit, dem Fehlen aller Orientierungspunkte, gibt es wider alle Erwartung einen Kompass, der uns anzeigt, wo wir das Leben finden,

das prächtige und pralle Leben, nicht nur «erträglich», sondern ausgesprochen schön, erstrebenswert und vergnügt

∞

sich für das Leben entscheiden, immer und überall

trotz des Nichts, des nahen Todes, der absoluten Ungewissheit,

mit der Liebe und all den anderen Kräften,

das ist der einzige Ausweg

eines Tages – er liegt schon lange zurück – haben wir in einem Kreis befreundeter Philosophen ein Spiel gespielt

angenommen, ein jeder könnte sein Leben noch einmal leben, sein Dasein ein zweites Mal durchlaufen, genau so, wie es war (natürlich mit gelöschten Erinnerungen), seine Misserfolge wiederholen, seine Ängste und seine Freuden, seine Entdeckungen, seine Ekstasen … würde er «ja» oder doch eher «nein» sagen?

ohne eine Sekunde zu zögern, habe ich «ja» gesagt, habe ich gesagt, gerne würde ich mein Leben noch einmal leben, ohne das Geringste zu verändern

zu meiner großen Überraschung haben meine anwesenden Freunde, lauter Philosophen und nicht die unbedeutendsten, mit «nein» geantwortet

diese Leute, die sich mit dem Glück beschäftigten, die Weisheit im Munde führten, die sich nicht scheuten, anderen Ratschläge zu erteilen, waren mit einem Leben völlig zufrieden,

ein zweites wäre ihnen zu viel gewesen!

damals habe ich begriffen, wie sehr sie das Leben hassten und ablehnten,

ihre Erfahrungen hatten sie überzeugt, dass es die Mühe nicht wert war

dass ich mit «ja» geantwortet hatte, lag nur dar-

an, dass mir das Leben selbst immer begehrenswert erschienen ist, unglaublich wunderbar

das Geschenk der Gegenwart, unendlich er-
neuerbar,

eine unerschöpfliche Wundertüte ohne Boden

so unerschöpflich, dass mir nie in den Sinn
käme, sie nicht noch einmal zu wählen,

ich weiß nicht, ob die Bilanz meines Lebens
«global positiv» ist, wie die französischen Kom-
munisten einst vom Sowjetregime sagten,

aber dieses Leben verkörpert wie alles Leben
ein Begehren, das sich selbst genügt, das nichts
vermag, als zu begehren, das danach strebt, von
neuem zu beginnen, fortzufahren, in seinem Sein
zu beharren, unermüdlich und unendlich

unter allen Umständen würde ich ein zweites
Leben nehmen,

ein drittes,

ein viertes,

unendlich viele,

alle genau so wie das, welches ich gelebt habe,

die gleichen Genüsse,

die gleichen Leiden,

ich würde mein Los annehmen mit allem, was
dazugehört,

wieder und wieder und wieder

was uns an die Existenz so bindet, ist die Be-

gierde, wie Spinoza sagt, ein Verlangen, unendlich, wild, blind, unersättlich, der Wille nach
mehr und Ewigkeit, Dauer ohne Schranken und
Gesetze, in hundert Formen, tausend Gesichtern,
fast zu allem fähig, um zu überdauern,

die Wildheit gehört zu seinem Wesen, aber das
«fast» (in «fast zu allem fähig») ebenso

dieses unzerstörbare Verlangen lässt uns im
Herzen der Finsternis ausharren, alle Leiden ertragen, alle Krankheiten, alle Schicksalsschläge,

ohne die Beharrlichkeit und Heftigkeit dieses
Urbegehrens würde jeder beim ersten Wehweh-
chen, beim kleinsten Kummer mit seinem Leben
Schluss machen

aber nein, selbst wenn nichts glückt,

selbst wenn alles beschwerlich geworden ist,
mühsam, absolut unerträglich, mobilisiert das
Tier alle seine Kräfte, hält aus, beißt die Zähne
zusammen,

es bleibt an sein Dasein gefesselt, ganz selten,
dass es anders ist, ganz selten läuft alles so schief,
dass man sich umbringt oder umbringen lässt, dass
man in seiner Verzweiflung tötet, um zu überleben

trotzdem betrifft diese Bindung ans Leben
nicht nur unseren Organismus, nicht an unser
Überleben knüpft sie uns zuerst und immer

diese Bindung ist auch eine Bindung an andere,

wir sind uns nie sicher, was uns mehr am Herzen liegt, unsere Haut oder die der anderen, so sehr sind wir mit ihnen verflochten, je nach Umstand und Zeitpunkt bis zur Ununterscheidbarkeit

wäre dem nicht so, wie sollte man die Rettung Schiffbrüchiger verstehen, den Einsatz der Feuerwehren, die Solidarität bei Erdbeben oder Flutkatastrophen, die unzähligen Fälle, wo Menschen Menschen unter Einsatz des eigenen Lebens retten, ohne etwas über diejenigen zu wissen, die in Gefahr sind?

unter diesen Umständen werden keine Fragen gestellt,

niemand will wissen: wer sind diese Leute? verdienen sie es zu leben? muss man ihretwegen alles riskieren?

ein Kind droht, in den Brunnen zu fallen, ein Vorbeikommender bemerkt es und stürzt vorwärts, um es zurückzureißen,

ohne wissen zu wollen, wer die Eltern sind noch warum das Kind dort spielt, ohne darüber zu reflektieren, ob die Rettung als solche gut oder schlecht sei

der chinesische Philosoph Mengzi, der dieses Beispiel im 2. Jahrhundert gab, wusste bereits, dass solche Überlegungen obszön sind, dass man ihnen unter keinen Umständen Raum geben darf der Vorbeikommende läuft los und packt das Kind,

ohne darüber nachzudenken,

und jeder Mensch könnte unter anderen Umständen genauso handeln,

das mitmenschliche Zusammengehörigkeitsgefühl siegt über die Subjektivität, die Selbstbezogenheit des Individuums, den vermeintlichen Egoismus des Subjekts

wir begreifen, dass es zahlreiche Situationen gibt, in denen unsere eigene Existenz zweitrangig wird, in denen unser Leben, unsere Interessen, unsere Bequemlichkeit keine Rolle spielen, wo sterben nichts bedeutet, allenfalls ein Nebeneffekt des Handelns ist

das gilt für Rettungsaktionen, aber auch für eine Vielzahl von Kriegen, Widerstandsbewegungen, bewaffnete Erhebungen, politische oder religiöse Kämpfe, historische oder moderne,

im Laufe der Jahrtausende werden die Menschen nicht müde, sich in ihrem Leben Ziele zu setzen, die ihnen mehr bedeuten als ihre Einzelexistenz und ihr individuelles Überleben

lieber tot als Sklave

lieber tot als erniedrigt, besiegt, besetzt, im Untergrund, unterworfen

lieber tot als meiner Rechte beraubt, meines

Glaubens, meiner Ehre, meiner Freiheit, meiner Würde

das Schema scheint immer dasselbe zu sein: die Gründe zu überleben sind wichtiger als ein Überleben, dem diese Gründe genommen wurden; das gilt, selbst wenn die Überzeugungen, die Kämpfe, die Epochen und Kontexte grundverschieden sind

ist in dieser radikalen Forderung ein Symptom für den Wahnsinn des Menschen zu erkennen?

nach einer zynischen alten Redensart ist es der Fall, denn unermüdlich betet sie uns vor, dass keine Idee es lohne, für sie zu sterben

das Leben zu opfern für eine Religion, eine Politik, eine Nation, für welche Sache auch immer, beweise lediglich seine Unvernunft

jedes Heldentum wäre also ein Kind der Blindheit und der Dummheit

daraus ergäben sich seltsame Konsequenzen:

wer nachdenkt, könnte nicht mehr glauben,

müsste immer im sicheren Versteck enden, ruhig, bar aller Illusionen und Obsessionen,

vernünftig, geborgen, vor allen Phantastereien geschützt

doch wie öde, finster und grau ist ein solches Leben

es gibt sich als menschlicher aus, aber zum Preis

von Gleichgültigkeit und vor allem Würdelosig-
keit

ich sehe die Dinge anders

✧

die Menschen sind groß durch ihre Narrheit

notwendigerweise unvernünftig, niemand kann
das leugnen, aber das ist ihr Los

endlos die Liste der Dinge, die man ihrer Unvernunft anlasten kann, ihre religiösen Leidenschaften, ihr politischer Fanatismus, ihre revolu-
tionären Forderungen, ihre Weltsysteme,

nicht zu vergessen die Realitätsferne und die
Lächerlichkeit ihres Aberglaubens, ihrer angeblichen Offenbarungen, ihres verschleierten Ma-
gismus, ihrer Utopien, ihrer vollkommenen Welt,
ihres tobsüchtigen Gerechtigkeitswahns

all das trifft zu, aber es gibt keinen Ausweg aus
dieser Narrheit

schlimmer: die Vernunft selbst ist eine ihrer
Manifestationen

zu glauben, wir könnten vollkommen nach
Maßgabe der Vernunft leben, alle Unvernunft
könnte abgeschafft werden, ist verrückt

Pascal wusste das gut: «die Menschen sind

so unfehlbar Narren, daß es einer andersartigen Narrheit wegen närrisch sein hieße, wenn man kein Narr wäre»[*]

trotzdem empfiehlt es sich, das alte Thema der menschlichen Narrheit wieder auf die Tagesordnung zu setzen

die banale, gängige, alltägliche Narrheit,

so wie sie Erasmus, Pascal und ihresgleichen verstanden haben, die nichts gemein hat mit dem Wahnsinn, der das Leben mancher Menschen zerstört

zu Unrecht wurde die Narrheit ausgegrenzt, als man das Feld ganz der Vernunft überließ

man hat kritisiert, dass der Vernunft so viel Macht eingeräumt wurde, was allerdings nicht den antiken Diskurs über die Unvernunft wiederbeleben konnte, der lange Zeit, von der Antike bis zur Renaissance, das Denken beherrscht hat

und doch sollten wir ihrer niemals müde werden, dieser Narrheit der Menschen

die Vernunft ist eintönig, wird rasch langweilig, trotz ihrer großen Entwürfe und Möglichkeiten oder gerade ihretwegen

aber die Narrheit! die wunderbare Narrheit!

---

[*] *Gedanken*, 412/414, *Pascal im Kontext, Komplettausgabe*, 3. Aufl., Berlin, Karsten Worm, InfoSoftWare, 2006.

nie vom Mangel bedroht, unendlich einfallsreich, erfinderisch, vielfältig

die Vernunft ist klar definiert, die Unvernunft unbegrenzt

in ihren Formen, Manifestationen, ihren Begleiterscheinungen

daher empfiehlt es sich stets, die Menschen zu betrachten, wenn sie verstört von ihren Wahnvorstellungen sind, trunken von ihren Träumen und Illusionen, bereit, sich einer verlogenen Ideologie, einer obskuren Dummheit in die Arme zu werfen

Bedingung, um heiter zu überleben: die Menschheit betrachten

eingeschlossen das, was sie am höchsten schätzt, achtet, preist, eingeschlossen die Grundpfeiler ihrer Institutionen, ihre gefeierten Helden, ihre großen Männer

als eine Ansammlung von Verrückten, verstörten Wahn- und Demenzkranken

die Genies als Wahnsinnige zu begreifen, die Schöpfer großer Werke als Kranke, die Herrscher aller Reiche als gefährliche Irre,

das ist die Methode

ein extremer Ansatz natürlich,

daher mit Vorsicht zu handhaben,

sie verhindert, dass wir uns naiv von unserer Bewunderung überwältigen lassen dabei verdient die größte Bewunderung das Genie, das sich dem Wahn verschrieben hat, die größte Hochachtung sein grenzenloses Vermögen, neue Illusionen zu schaffen, die alten umzuwandeln, Widersprüche, Wirklichkeit, selbst den gesunden Menschenverstand zu leugnen,

wenn die Menschen unabhängig von ihrer Epoche, ihrer Sprache ihrem technischen Entwicklungsstand einen gemeinsamen Nenner haben, dann ist es ihr Vermögen, zu fabulieren, fiktive Welten zu erfinden und darin mehr oder minder vollständig zu leben, mehr noch als in der Wirklichkeit,

verstört und verunsichert, die Augen in den Sternen, die Füße im Wasser, ewig sich vorwärts tastend mit tauben Händen

diese verrückten Affen, zu intelligent, um nicht die Absonderlichkeit ihres Schicksals zu empfinden, aber nicht genug, um es zu erklären, bedauernswerte Tiere, großartig in ihrer Art, lächerlich und erschütternd, brüderliche Mörder, kriminelle Apostel, ich liebe sie ausreichend, um dessen nie müde zu werden

mein Verlangen nach den Menschen, ihren grenzenlosen Tollheiten, ist unstillbar, nicht dass ich sie wirklich lieben würde, dazu bin ich nicht christlich genug, aber mich gelüstet nach den irrwitzigen Überraschungen, die sie im Übermaß produzieren

wenn ich nur noch eine Stunde zu leben hätte, würde ich deshalb einen Augenblick opfern, um mir ins Gedächtnis zu rufen, dass die Menschen verrückt sind, dass sie über ihre Existenz spintisieren, alle möglichen Vermutungen anstellen – über die Welt, das Jenseits, das Gute, das Böse, das Wahre und Falsche, Leben und Tod und zahllose Themen gleicher Art – eine unendliche Zahl nebulöser Theorien, absurder Hypothesen, verschwommener Erklärungen, trügerischer Gewissheiten, krimineller Überzeugungen und Lehren, die teils schrecklich, teils lächerlich und manchmal beides zugleich sind

ich weiß natürlich, dass ich Teil dieses allumfassenden Irrsinns bin

nicht im Traum wähne ich mich außerhalb, anderswo, geadelt von einer wie auch immer gearteten Überlegenheit

ich vermag nicht von den Höhen meiner hellsichtigen Weisheit auf die Horde meiner blind umherirrenden Artgenossen hinabzublicken

im Gegenteil, ich bekenne, dass auch ich Wahnvorstellungen aufsitze wie jeder Mensch seit Anbeginn der Zeit

ich akzeptiere sogar diesen Zustand des unvernünftigen Tiers, weil er irreparabel, unheilbar ist,

wider alle Erwartung macht er unsere Größe aus

die radikale Begrenzung unserer Erkenntnisfähigkeiten ist schuld daran

mangels genauen Wissens müssen wir imaginieren, die Erkenntnislöcher mit unseren Phantasien, Albträumen und Utopien stopfen

darin liegt die Größe des Menschen, die Besonderheit seiner Art, sein zugleich bewundernswürdiges und bedauernswertes Genie,

keiner kann sich der absoluten Notwendigkeit entziehen, Fiktionen zu ersinnen, Mythen zu entwickeln, Geschichten zu erfinden, Entwürfe, Interpretationen, sinnstiftende Maschinen

diese Maschinen laufen auf vollen Touren, funktionieren ununterbrochen, mal besser, mal schlechter, aber immer grandios

so entsteht Geschichte, ohne jeden Fortschritt, aber unendlich abwechslungsreich

wie wächst solche Besessenheit zum Fabulieren? welch unwiderstehlicher Drang zwingt den Menschen, Fiktionen zu erfinden, um die Wirklichkeit zu begreifen?

zu diesem Thema habe ich einen Gedanken anzubieten

mir scheint, dass die Menschen sich nicht nur einander mitteilen, nicht nur Botschaften voneinander empfangen, sondern den Anspruch haben, sich einfach «mitzuteilen», einfach «zu empfangen»

mag diese Haltung auch allgegenwärtig sein, sie ist deshalb doch schwierig zu beschreiben

vielleicht sollte ich lieber sagen, dass sich unserem Geist ein abwesender Gesprächspartner aufdrängt, der das Zeichen der Unendlichkeit trägt

nicht unbedingt jemand, eine Person, eine Figur, ein Bewusstsein, eher eine Dimension, die alle unsere Erfahrungen durchdringt, alle unsere Diskurse und unsere Beziehungen

in den phantastischen Geschichten der Menschen stechen immer die Unendlichkeit und die Abwesenheit hervor

die Menschen, und nur sie, erkennen sich selbst an diesem Loch inmitten der Wirklichkeit, das, soweit ersichtlich, nur von ihnen selbst und sonst keiner anderen Art gegraben wird

dieses Loch in der Kompaktheit der Welt ermöglicht auch die Schönheit

❦

Unendlichkeit und Schönheit sind Zwillinge
aufs engste miteinander verbunden

eigentlich ist es seltsam, dass die Menschen alle, übereinstimmend, immer wieder, ohne Abnützungseffekt, das Gefühl haben, die Erde sei schön,

in seiner beispiellosen Banalität stellt uns dieses Gefühl heute wie einst vor ein Rätsel, das ungelöst ist und es ohne Zweifel bleiben wird, deshalb aber nicht zu vernachlässigen ist

wenig genügt, Sonnenuntergang, Wolkenbildungen, Morgenröte im Gebirge, glitzernde Wogen, blaue, rote, braune, graue Horizonte, dichte Wälder, trockene Steppen, orangefarbene Dünen`…

im Überfluss geboten, löst die unendliche Zahl ganz gewöhnlicher Panoramen diese heftigen Emotionen aus und vermittelt den Eindruck, dass etwas über uns hinausreicht, irgendetwas, zugleich vertraut und fremd, als würde uns diese Schönheit der Welt wirklich erstaunen,

wie zum ersten Mal vor Augen geführt, zum tausendsten Mal als Überraschung präsentiert, manchmal überwältigend, beeindruckend, immer berückend «das ist schön» ist ein Satz, der rätselhaft wird, wenn er der Natur gilt

weil er, ohne ihn zu erklären, einen Urzusammenhang zwischen unserem ästhetischen Empfinden und der Welt postuliert

genauso gut könnten wir die Welt hässlich, neutral oder gar nicht finden

könnten wir nur von menschlichen Werken ergriffen sein, von künstlerisch geschaffenen Formen, inszenierten Schauspielen

das ist nicht der Fall

stattdessen stehen wir ständig staunend vor der irdischen oder kosmischen Natur,

Unterholz oder Galaxie, unsichtbare Grille oder Schwarzes Loch, Tal oder Weiße Zwerge, Rote Riesen oder Polarlicht

all das lässt unser Sinnen und Trachten nichtig, unsere Geschäftigkeit belanglos, unsere Ängste lächerlich erscheinen

mit jedem Blick in diese Unermesslichkeiten, diese Abgründe, die radikale Fremdheit nächster Materie, undurchdringlich und unzugänglich, wird eine schwindelerregende Sichtweise möglich und manchmal deutlicher

ein Begriff der Unveränderlichkeit,

einer Unveränderlichkeit in Bewegung, im Werden

der Charakter des Unbeweglichen, Paradoxen erwächst aus seiner ewigen Rotation

wie das ausdrücken?

wir stoßen hier an die Grenze des Sagbaren

wir müssen erkennen, dass nichts sich bewegt, nichts sich verändert, während doch alles wimmelt, explodiert, empor- und herausschießt

∞

wir sollten uns, um auf die menschliche Geschichte zurückzukommen, die Vorstellung zu eigen machen, *dass die Revolutionen kreisförmig verlaufen* wie die Umläufe der Himmelskörper,

in meiner Jugend glaubte ich wie viele andere, die Revolution sei eine gute Sache und durchaus möglich

leidenschaftlich habe ich an den radikalen Umsturz geglaubt, den großen Knall, der das allgemeine Glück einleite

die Welt werde sich von Grund auf ändern, und auf den Trümmern werde sich donnernd die Stimme der Vernunft erheben,

zwar würden wir einige – vermeintlich verkommene – Köpfe opfern, doch es geschähe für das öffentliche Wohl

inzwischen denke ich anders darüber

der liebenswürdige Montaigne, dieser gemäßigte, lebenskluge Mann, dessen weise Ratschläge und Verdienste nicht genug gepriesen werden können, erklärt, eine herrschende Sitte, und möge sie auch ungerecht und unvernünftig sein, sei allemal besser als die unabsehbaren Risiken, die durch ihre Abschaffung heraufbeschworen würden,

ein schlechtes Gesetz, das in Gebrauch ist, das durch die Patina der Jahrhunderte und die Gewohnheit aller gefestigt wurde, wäre demnach der vorgeblich wohldurchdachten Innovation vorzuziehen,

seine Einführung würde die herrschende Ordnung zerstören, mit unabsehbaren, möglicherweise katastrophalen Folgen, wenn nicht gar schrecklichen Leichenbergen

gewiss ist die Idee, es sei besser, nichts zu ändern, schockierend

unsere Instinkte und Denkgewohnheiten signalisieren uns immer, dass wir eigentlich handeln müssten, dass Fortschritt möglich sei

mich Montaigne in diesem Punkt derart anzunähern, erschien mir zunächst überraschend, fast beschämend, als würde ich plötzlich etwas verkörpern, was ich jahrelang verabscheut hatte

aber ich gebe unumwunden zu, dass es notwendig ist, sich von den Utopien, radikalen Träumen, zerstörerischen Einstellungen des Revolutionismus zu befreien,

ohne deshalb konservativ zu werden

denn niemand wünscht sich jemals wirklich, dass die Dinge bleiben, wie sie sind

wer in einer ungleichen und ungerechten Welt die Unbeweglichkeit verherrlicht und die Veränderung verteufelt, handelt idiotisch und unverantwortlich

die Schwierigkeit liegt in der Abgrenzung zwischen dem, was vor Umsturzversuchen bewahrt werden sollte, und dem, was ohne Schaden verändert werden kann

manchmal ist die Trennungslinie offensichtlich, manchmal unmöglich

oder falsch verstanden, falsch gezogen

weil die Menschheit immer jung ist, soll heißen, die Menschen immer gerade geboren werden, lässt sich Reife nicht horten und nicht wirklich weitergeben, im Gegensatz zu objektiven – wissenschaftlichen und technischen – Erkenntnissen

gewiss, wir haben die Entwicklung von Solidarität erlebt, von Sicherheitssystemen, von Zonen relativen Friedens

mir erscheinen sie fragil, vorläufig und vor allem lokal

das jüngste Europa beispielsweise ist wahrscheinlich eine Parenthese der Geschichte, eine Blase der Erschöpfung und Konvaleszenz, ein Erholungsheim für Völker am Ende ihrer Kräfte

außerhalb, das heißt fast in der ganzen Welt, gelten weiterhin die Gesetze des Kampfes, nimmt die Gewalttätigkeit ihren Lauf,

mit dem kleinen Unterschied, dass die Zerstörungskraft der Waffen ins Unermessliche angewachsen, während der Schwachsinn der Menschheit gleich geblieben ist

sollte ich mich also, da mir nur noch so wenig Zeit bleibt, damit trösten, dass ich von all diesem Elend verschont bleibe?

nicht von dem alltäglichen Elend, diesen ständigen Wunden, die zu den Grundbedingungen menschlicher Existenz gehören, die würde ich auch gerne weiterhin ertragen,

ich denke an die neuen Schrecken, die uns erst in letzter Zeit bedrohen,

ihre Liste ist lang und wohlbekannt: Pandemien mutanter Viren, Nuklearunfälle, Genmanipulation, Triumph des Fanatismus, Zerstörung der Ökosysteme, der Biodiversität, des Klimas, der Nahrung, der Hygiene …

ich bin kein Anhänger des Katastrophismus, und mir wird übel bei dem Gedanken, mich in

Sorgen und Ängsten zu suhlen wie so viele meiner Zeitgenossen

ich liebe die Technik, ich glaube, dass sie an sich weder böse noch wahnsinnig ist

wenn ich die Aufregung der vielen stumpfsinnigen Militanten sehe, hätte ich manchmal nicht übel Lust zu rufen: «es lebe die Gentechnik! es lebe die Nanotechnologie! die Kernkraft! das Schiefergas!»

das wäre natürlich dumm, schließlich sind die Nachteile dieser Technologien unübersehbar

aber sie sind auch nicht so schrecklich, wie die Leute behaupten, die ihnen den Kampf angesagt haben, ohne sich auf Diskussionen einzulassen oder sich zu informieren

Sorge macht mir nicht die Technik, die in Wahrheit neutral und unter dem Strich nützlich ist,

sondern die Menschen, die ich in ihrer Mehrheit für unwissend, leichtgläubig und dumm halte und denen die Technik heute eine nie da gewesene Macht verleiht

daher das Empfinden, dass die Welt sich in Regression befindet, die Wissenschaft dagegen in Progression, dass die Barbarei in dem Maße um sich greift, wie die Zivilisation zunimmt, die Dummheit in dem Maße Fuß fasst, wie die Kommunikation sich verstärkt daher meine Angst vor einer düsteren Zukunft

nichts schützt uns vor grausigen Massakern, ungeheuerlichen Konflikten, Schrecken, neben denen alles, was je war, bedeutungslos wird

ich kann natürlich wünschen, dass die Menschheit überlebt, friedlicher, aufgeklärter, gebildeter wird

doch davon bin ich nur halb überzeugt, kann ich doch die Möglichkeit eines totalen Schiffbruchs nicht ausschließen

insofern kann es eine Art Erleichterung sein, die Fortsetzung des Films nicht mehr zu sehen

trotzdem alles eher, als die Flinte ins Korn zu werfen, die Flucht zu ergreifen

könnte man aufhören, einfach «ja» oder «nein» zu sagen?

die Verweigerung ist mit tausend Ruhmeskränzen geschmückt,

eine ganze Mythologie des Nein und des Widerstands steht zur Verfügung

aber denken heißt nicht, einfach «nein» zu sagen

es heißt auch, sich in das zu schicken, was offenkundig ist, die einfachen Fakten anzuerkennen, sich nicht mehr dagegen zu sträuben, einzuräumen, dass man überfordert ist

verkrampfte Weigerungen und beschwichtigende Zustimmungen lassen das Nein und das Ja stets unangetastet

mir scheint, es muss möglich sein, darüber hinauszugehen,

ohne sie aufzuheben oder in einen Topf zu werfen

weiter zu blicken, woandershin

wo man nicht mehr nein oder ja sagt

weder zum Leben noch zum Tod

etwas zu finden wie ein «so ist das», etwas wie das, dem ich mich jetzt zu nähern scheine

es ist da

ohne dass es einen Weg gibt

nichts als die Erwartung einer weiteren Klarheit

✿

ich weiß, dass ich *jetzt ans Ende vom Ende gelange*

zum Schluss dieses Exerzitiums der letzten Stunde, des Aufenthaltes am Rande des Todes, dieser Fiktion, die aufschlussreicher ist als die Wirklichkeit, weil derjenige, der im Sterben liegt, nicht mehr in der Lage ist zu denken, alles ist schon gelaufen, ohne ihn, oder gleich neben ihm, quer zu ihm, über die Bande

ich dagegen wollte die Konfrontation nicht

verpassen, die einzige Lösung war, sie zu antizipieren,

das Problem des Sterbens liegt nicht in den Fakten, sondern in dem, was wir über sie denken

doch wir denken immer weniger an den Tod, ziehen es vor, den Blick abzuwenden, von anderem zu sprechen, uns mit allem Möglichen zu beschäftigen, vorausgesetzt, es hindert uns daran, über ihn nachzudenken,

durch diese gekünstelte Sorglosigkeit verlieren wir nicht den Tod aus den Augen, sondern die wichtigen Dinge des Lebens

nur weiß ich dieses Mal, dass es wirklich geschehen wird

und dann ist es vorbei mit der Philosophie, vorbei mit den schönen Erwägungen über die *Ars moriendi*, die Kunst des Sterbens, des Sterbenlernens, die Heiterkeit, die Gelassenheit des Weisen, die Fülle des geringsten Augenblicks

ich habe nur noch Lust zu weinen, leise, am Boden, kraftlos, zusammengebrochen, ohne Geschrei, kaum hörbar, ohne ein Wort, ohne Idee, streng genommen sogar ohne Gefühl, ohne Empfinden, ohne irgendwas, erledigt, kaputt, bewegungsunfähig, platt, erschöpft, gelähmt, leer, fix und fertig, erschlagen, niedergeschmettert, kopflos, leer im Kopf so leer, dass da nichts mehr ist, außer dieser Sache am Boden, unbeweglich, ohne Energie, verflüssigt, im Begriff auseinanderzufließen, noch nicht tot, aber auch nicht mehr wirklich am Leben, Stille, unbewegliche Stille, Fassungslosigkeit, eine Träne, noch nicht einmal, nicht mehr, benommen, am Ende, schon lange, gewiss, weiß nicht, weiß nicht mehr, auch das Zeitgefühl futsch, nur noch ein Augenblick, der letzte, der allerletzte, dann ist alles hin, wie sinnlos, nichts mehr, und dann …

dieses Mal habe ich keine Zeit mehr,

die Frist steht fest, sie kommt,

ich weiß sehr gut, dass sie von dem Augenblick an, wo wir geboren sind, und egal was wir machen, kommen muss, ich weiß es von Anfang an, trotzdem ist dieses Wissen unerträglich,

diese Gewissheit ist ohne Inhalt,

ich weiß, dass ich sterben werde, aber ich weiß nicht, was mich erwartet, was es bedeutet, was dann kommt,

ein Pseudowissen also, ein vermeintliches Wissen, das keine Erkenntnis bringt,

eine denkbar merkwürdige Situation

jeder von uns stirbt zum ersten und zum letzten Mal, ohne dass er weiß, worum es geht,

ich muss lachen, wenn ich die Philosophen

höre mit ihrem uralten, absurden Projekt der *Ars moriendi*,

als wäre es möglich, etwas zu lernen, was sich nicht wiederholt,

also können wir nur die eine und nicht übertragbare Erfahrung mit ihm machen,

der Tod ist nicht erlernbar,

er kann nicht, auf keinen Fall, unter keinen Umständen, Gegenstand eines wie auch immer gearteten Trainings sein

möglich ist allenfalls, dass wir uns darauf vorbereiten, die letzte Prüfung mit Anstand und Würde zu bestehen, den sogenannten Todeskampf, ein Wort, das an Krieg und Konflikt erinnert,

einer langen Tradition galt der Tod als Augenblick der Wahrheit, als der entscheidende, endgültige Moment, da wir sehen, was am Boden des Topfes ist, wie Montaigne sagt,

für uns hat diese Fabel an Kraft verloren, niemand hat heute noch den Ehrgeiz, seinen Abgang als Erfolg zu inszenieren, den Vorhang als Held zuzuziehen, wir sterben zufällig, irrtümlich, abseits, ohne Kampf, ohne Glanz und Glorie,

ein Krankenhaus, Schläuche, eine Tür am Ende eines Flurs ohne Fenster und der Geruch von Desinfektionsmittel, ganz anders als in der Renaissance,

da drängten sich die Menschen in den Zimmern der Sterbenden

jemand starb? in diesem Haus, im ersten Stock, hinter dem Eckfenster? alle traten ein, glotzten, schwatzten, unterstützten den Kampf, umstanden den Sterbenden,

wer würde heute noch sagen: «komm, da stirbt einer, schaun wir mal vorbei»?

die größte Schwierigkeit ist das richtige Maß zwischen Verleugnung und Verzweiflung, zwischen Obsession und Widerruf,

weil alles schwankt,

entweder glauben wir, den Tod gebe es nicht mehr, er sei vergessen, annulliert, abgeschafft, wir halten uns für ewig wie Götter,

oder wir versuchen uns auf ihn einzulassen, heiße Tränen verwischen die Konturen, nehmen uns die Sicht, verzerren und entstellen den Raum, der Tod weckt die schreckliche Angst, die in unseren Eingeweiden nistet,

schon bald, nie werde ich die Sonne oder die Nacht wiedersehen, nie wieder den Atem meiner Lieben hören, die Stimmen der Freunde, das Flüstern der Wellen am Abend auf dem Strand, das Tosen der Brandung auf den Klippen zur Zeit der Stürme, nie wieder an meiner Haut die sanfte

Wärme der Frau spüren, mit der ich das Leben teile, nie wieder die Lust erleben,

vorbei mit den Ekstasen, den Aromen, den Düften, den Ideen, den Wörtern,

ein Grund zum Jammern, Zähneklappern, Heulen, vergeblich, natürlich

denn meine trostlose Raserei wird die Frist nicht um eine Sekunde verlängern,

das Lamento ist zum eigenen Gebrauch, ich habe nur noch Augen für mich, mein schreckliches Schicksal, finster kreise ich um meinen Nabel ...

alle anderen Leben werden fortgesetzt, die meiner Lieben, meiner Mitbürger, aller Menschen,

die der Tukane und Hunde, der Tiefseeungeheuer, die der Lemuren und Parmaveilchen, sogar das des gleichnamigen Schinkens, und ich weiß nicht, ob ich lachen oder weinen soll

die eigentliche Schwierigkeit ist die Stellschraube,

der Hebel für das Gleichgewicht, für die Dosierung von Panik und Gelassenheit, für den Zen-Zustand,

ich glaube, ich habe ihn verloren,

vielleicht nie gehabt,

glauben Sie nicht, was die Leute sagen, was ich gesagt habe, glauben machen wollte, wohl auch selbst geglaubt habe, gerade eben, nein, ich bin weder ruhig noch gelassen noch gefestigt noch beruhigt, nichts von alledem, keinesfalls, ganz im Gegenteil, ratlos, fassungslos, hilflos, hoffnungslos, unfähig, dem Schicksalsschlag, dem Schock standzuhalten, außerstande, mich zusammenzunehmen, die Wogen zu glätten, gefasst zu bleiben, stark, Herr meiner Sinne und meines Selbst,

ich schlingre, schleudre, sinke, ertrinke, stecke fest, schiebe Panik, verlier den Boden unter den Füßen, den Kopf, die Fassung, den Durchblick, den Mut, den Sinn für die Realität, den Appetit, Gewicht, den Faden

merkwürdig, das fließt von allein, die Wörter kommen ohne mein Zutun, einfach so, automatisch, fast ohne mein Wissen, nein, nicht ohne mein Wissen, weil ich sehr wohl sehe, was geschieht, aber ohne dass ich daran beteiligt bin, aktiv eingreife, soll heißen, nicht ich entscheide, wähle, lenke oder kontrolliere, das geschieht von selbst, steigt aus der Tiefe auf, ist fast wie ein Anfang von Ruhe, diese Folge von Sätzen, die sich bilden, ohne dass ich sie willentlich konstruiere, die sich Stück um Stück zusammenfügen, das beruhigt fast

ja, das beruhigt

wenn ich nur noch fünf Minuten zu leben hätte, riefe ich keinen von den Gottesmännern ich ließe weder Priester noch Pastor kommen, weder Rabbiner noch Imam, weder Lama noch Guru, noch nicht einmal einen Arzt, es sei denn wegen des Morphiums, für den Fall der Fälle,

ich glaube weder an ihre Fürsprache noch an ihre angeblichen Kräfte

ich würde mich also darauf vorbereiten, für immer zu verschwinden, in der Annahme, dass hinterher nichts kommt, kein anderes Leben,

ich weiß nichts, und ich bin mir dessen bewusst, ich weiß, dass ich spekuliere, dass ich eine Antwort gebe, keinen Beweis

vielleicht werde ich deshalb sehr bald überrascht sein, obwohl ich natürlich nicht glaube, dass es sich ganz anders verhält, als ich denke

ich fürchte nichts, weder Gericht noch Strafe, ich erhoffe keine Belohnung, sondern sehe mich ohne Hoffnung und Furcht

zumindest, ist der Ehrlichkeit halber hinzuzufügen,

im Augenblick

und so gut es geht

wer im Augenblick des Todes behaupten würde, er habe alles im Griff, lehne sich nicht auf, brauche niemanden, der würde sicherlich lügen

ich will weder die anderen noch mich selbst belügen

in diesen letzten Augenblicken werde ich gewiss – weil der Mensch immer einen Ansprechpartner sucht – zunächst, ganz leise, mit meinen Angehörigen sprechen

jedem würde ich einige Worte sagen

meiner Frau, dass ich sie mehr als alles andere liebe, weit mehr, als sie weiß,

meiner Tochter, dass ich auf sie stolz bin und auf alles, was sie wird

meiner Schwester, dass sie immer zu mir gehalten hat, selbst als unsere Wege sich trennten

meinen Eltern, dass sie es verstanden, mir meine Freiheit zu lassen, und insofern vollkommen waren

Paul, dass er der Bruder ist, den ich nie hatte

Christian, dass er mit Würde und viel zu früh gegangen ist

einigen anderen einen schweigenden, diskreten Gruß, ich bin kein Exhibitionist

nachdem ich dergestalt mit der intimen Konstellation derer, die, ob an- oder abwesend, mein Leben waren, Zwiesprache gehalten hätte, würde ich, mangels eines Gottes, mit dem ich reden könnte, versuchen, all denen, die, schon geboren oder noch darauf wartend, durch die Magie der Schrift diese Zeilen noch lange nach mir lesen könnten, gern sagen,

dass das Leben

verschwenderische Fülle, überwältigender Reichtum, ewiger Überfluss ist,

vielfältig, unvorhersehbar, widersprüchlich und niemals karg ist,

dass es seine Batterien auflädt, wenn es erschöpft, öde, verbrannt erscheint,

dass es immer gilt, das Leben zu wählen, zu bewahren, zu erfinden, tastend, ahnungslos, bedingungslos, gegen alles, was zersetzt, zerstört und auf Stillstand drängt,

dass es – glücklicherweise! – keine Rezepte, keine Vorschriften, keine unantastbaren und unveränderlichen Regeln kennt, die wir einfach nur befolgen und anwenden müssten,

dass jeder für sich erfinden, improvisieren, entscheiden, vermuten muss im Nebel der Ungewissheit und des Krieges, unter der Herrschaft des Zufalls

blieben mir nur noch wenige Sekunden und hätte ich im Wesentlichen gesagt, was mir wichtig war, das Überflüssige und Störende gestrichen, die Sätze geordnet, Erfahrungen und Gedanken gestrafft, den Grundriss eines Gesetzes skizziert, vorläufig, ungewiss und lachhaft, aber dennoch zuversichtlich, andern überlassend, alles zu sichten, die Glossen zu ordnen, die Ansätze fortzuführen, wäre ich fast ans Ende gelangt,

mir bliebe nicht die Zeit, meinen Nachruf auf-
zusetzen, was ich bedaure, denn ich habe kein
Vertrauen zur Presse,

allenfalls könnte ich noch meine Grabinschrift
auf einen Zettel kritzeln

sie müsste meiner bedeutenden Taten würdig
sein, fähig, das Leben eines Menschen zum Aus-
druck zu bringen, dem es gelang, sich einen Weg
inmitten der Unwägbarkeiten zu bahnen, sich
seiner Intuition zu bedienen, Zufälle in Lehrmei-
nungen und Kernobst in Saatgut zu verwandeln,

dem fast immer die glückliche Überraschung
zuteilwurde, einige lange verborgene Werke
der Natur zu entdecken und dort auf einen Geschmack von unerhörter Süße zu stoßen,

wenn ich das bedenke, würde mir
«er verstand sich darauf, Melonen auszusuchen»
nicht schlecht gefallen

∞

wie leben?

die Frage scheint sehr kompliziert zu sein
lange habe ich sie auch dafür gehalten,
heute glaube ich das nicht mehr,
im Gegenteil, sie ist außerordentlich einfach

die Antwort braucht nicht deduziert, elaboriert, im Zuge einer langen Arbeit gefunden zu werden

zu wissen, was das Richtige ist,

zu verstehen, wie wir uns anderen gegenüber verhalten sollten,

hängt letztlich nicht von irgendeiner Reflexion und noch nicht einmal von einem Gedanken ab

die Antworten sind selbstverständlich, als Empfindungen, als Tatsachen, die so gegenwärtig sind wie die Farbe des Himmels, die Kraft des Windes, die Hitze des Feuers

ich habe lange gebraucht, um das zu begreifen,

es gibt nichts zu verstehen, aber alles zu fühlen,

die Tugend, mit denen uns die Griechen in den Ohren liegen, Sokrates allen voran und in seinem Kielwasser all die anderen, nicht zu beweisen

weder deduziert noch überhaupt deduzierbar,

sie wird immer subjektiv postuliert, empfunden, gespürt

die Menschen erlagen einer Täuschung, als sie glaubten, die Tugend sei eine Angelegenheit des Verstandes, die Schlussfolgerung eines Syllogismus,

während es sich tatsächlich um eine Gegebenheit, einen Ausgangspunkt handelt wie das simple Faktum, dass wir atmen, essen, sehen – leben

leben setzt für den Menschen eine organische

Welt voraus, die anders strukturiert ist als für das Tier

in dieser physischen Gegebenheit hat der andere seinen Platz, seine Existenz

die Distanz zum anderen – Nähe, Ferne, zu nah oder zu fern – ist von Bedeutung,

aber all das wird nicht verordnet, abgewogen, nach langer Überlegung umgesetzt

kaltblütig einen Menschen zu töten, ihn zu vergewaltigen, zu erniedrigen, auszurauben, sind Handlungen, zu denen ich mich nie fähig gefühlt habe,

die Unantastbarkeit eines Körpers zu verletzen, einen Seelenmord zu begehen, Vertrauen zu missbrauchen, das alles hätte ich nie mit Absicht tun können, selbst wenn mein Verhalten in seiner Wirkung manchmal darauf hinausgelaufen sein sollte

wenn ich begreifen will, warum, im Namen welcher Idee, welchen Prinzips, welcher Entscheidung,

so verweigert sich mir die Rechtfertigung dieser Antwort, entgleitet mir, entzieht sich

aber ihre Selbstverständlichkeit drängt sich auf

als Zeichen, das für sich selber spricht,

so stark, so wenig zu rechtfertigen,

so lebendig und so unwiderlegbar

wie der Glanz der Sonne und die Schwärze der Nacht

12,90€